Wandern
auf
Gomera und Hierro

Susanne Lipps

Inhalt

Wandern auf
Gomera und Hierro

Wandersaison

Zum Wandern eignen sich am besten die Monate Oktober bis Juni. Von Juli bis September kann es recht heiß werden, wenngleich das Thermometer auch dann nur selten über 27 Grad Celsius steigt. Selbst im Winter sinken die Temperaturen in den Küstengebieten kaum unter 18 Grad Celsius, doch kann es in den Bergen vor allem zwischen Januar und März relativ kühl werden.

Anspruch

Drei Schwierigkeitsgrade werden in diesem Führer unterschieden: leicht (+), mittelschwer (++) und anspruchsvoll (+++). Während leichte Wanderungen keine besonderen Anforderungen an die Kondition stellen, sind bei mittelschweren und anspruchsvollen Wanderungen auf relativ kurzer Strecke mehr oder weniger große Höhenunterschiede zu überwinden. Diese sind zusätzlich angegeben. Vielfach ist Trittsicherheit auf schmalen, steinigen Pfaden Voraussetzung. Sollte die Orientierung nicht einfach sein, wird dies ebenfalls erwähnt.

Gehzeiten

Bei den genannten Zeiten handelt es sich um reine Gehzeiten, die sich auf den durchschnittlichen Wanderer beziehen. Für Rast, Fotografierpausen und Abstecher sollte man zusätzliche Zeit einplanen.

Wege und Markierungen

Auf Gomera finden sich im Bereich des Nationalparks Garajonay Hinweisschilder auf Wanderwege. Ansonsten gibt es keine durchgehenden Markierungen. Sogenannte »Steinmännchen« sind oft die einzige Orientierungshilfe.

Ausrüstung

Feste, knöchelhohe Wanderstiefel sind für alle Wanderungen unbedingt empfehlenswert. Teleskopstöcke können nützlich sein, sie entlasten bei Abstiegen die Kniegelenke. Regen- und Sonnenschutz sowie ein kleines Verbandszeug gehören stets in den Rucksack, bei längeren Wanderungen im Winterhalbjahr auch ein Anorak.

Karten

Am besten eignen sich die Wander- & Autokarten aus dem Verlag freytag & berndt (Gomera 1:35000, Hierro 1:30000). Das spanische Instituto Geográfico Nacional (IGN) gibt die Mapa Topográfico Nacional de España im Maßstab 1:50000 für Gomera und Hierro heraus (aktueller, aber zur Zeit nur für Gomera lieferbar, ist die Mapa Guía vom selben Herausgeber). Die genannten Karten

können über den deutschen Buchhandel bezogen werden. Für Gomera gibt die Inselregierung eine im örtlichen Zeitschriftenhandel erhältliche, dreisprachige Wanderkarte (Caminos de La Gomera) mit Busfahrplan heraus.

Verpflegung

Einkehrmöglichkeit während der Wanderung besteht nur in wenigen Fällen, dies ist dann gesondert vermerkt. Trinkwasser und Proviant sollten also der Länge der Touren entsprechend eingepackt werden.

Verkehrsmittel

Auf Gomera sind die meisten Ausgangspunkte für Wanderungen mit dem Bus zu erreichen. Von San Sebastián fährt mehrmals täglich Linie 1 über Chipude ins Valle Gran Rey, Linie 2 nach Santiago (z.T. bis Alajeró), Linie 3 über Hermigua nach Vallehermoso. Von Vallehermoso verkehrt Linie 5 nach Alojera. Auf Hierro hingegen stellen die wenigen Linienbusse für Wanderer kaum eine Alternative zu Mietwagen oder Taxi dar.

SYMBOLE IN DEN KARTEN

⌂	Gasthaus	⌂	Höhle
☦	Kirche	∿ʷᶠ	Wasserfall
☥	Kapelle	○	Quelle
∴	Archäologische Stätte	⚐	Hervorragender Nadelbaum
⚊	Denkmal, Monument	⚲	Hervorragender Laubbaum
✿	Mühle	⊢	Schiffsanlegestelle
✝	Wegkreuz, Gipfelkreuz	⚑	Sendemast
⚶	Rastplatz		

Naturschutz ernst genommen

Das Umweltbewußtsein ist auf den Kanarischen Inseln seit Mitte der 1970er Jahre stark gewachsen. Nicht nur private Organisationen wie »Guarapo« auf Gomera, sondern auch die öffentliche Hand haben Natur- und Artenschutz auf ihre Fahnen geschrieben.

Mit dem Nationalpark Garajonay befindet sich einer der vier kanarischen Nationalparks auf Gomera. Der Park, in dem der Schwerpunkt auf der Erhaltung des größten und prächtigsten Lorbeerwalds des Archipels liegt, umfaßt mit 3974 ha etwa 10% der Inseloberfläche. 1981 wurde er dank der Initiative des deutschen Botanikers Günther Kunkel gegründet und fünf Jahre später von der UNESCO in die Liste des Weltkulturerbes der Menschheit aufgenommen. Man nutzte die einmalige Chance, ein Gebiet unter Schutz zu stellen, dessen Ursprünglichkeit durch den Menschen noch kaum beeinträchtigt worden war.

Hierro wartet noch auf seinen Nationalpark, den Umweltschützer gerne verwirklicht sehen würden. Schließlich gibt es hier den besterhaltenen Kiefernwald der Inseln. Immerhin wurden zahlreiche botanisch interessante Zonen zu Naturschutzgebieten erklärt, darunter der berühmte Sabinar, ein wertvoller Bestand des Phönizischen Wacholders.

Während die staatlichen Belange früher zentral – und in der Regel nicht sehr wirkungsvoll – vom fernen Madrid aus vertreten wurden, ist seit einigen Jahren die autonome Regierung des Kanarischen Archipels zuständig. Seither wurden neben dem bereits vorhandenen Nationalpark *(parque nacional)* Naturschutzgebiete *(reserva integral, reserva natural)* und Naturparks *(parque natural)* ausgewiesen, wobei für letztere die Schutzbestimmungen wesentlich strenger sind als in Deutschland.

Auf Gomera steht heute etwa ein Drittel der Oberfläche unter Naturschutz, auf Hierro sogar 56%. Was auf dem Papier gut aussieht, hält einer kritischen Überprüfung in der Praxis jedoch nicht immer stand. So wurde zwar die land- und forstwirtschaftliche Nutzung aus dem Nationalpark Garajonay weitgehend verbannt. An sie erinnern nur noch ein paar aufgelassene Felder und Ziegenställe und einzelne Bestände fremder Baumarten wie Eukalyptus oder Eßkastanie.

Doch beschränkte sich die staatliche Naturschutzbehörde ICONA *(»Instituto para la Conservación de la Naturaleza«)* in der Vergangenheit nach Ansicht von Kritikern aus den örtlichen Naturschutzgruppen allzuoft auf die Anlage von Picknickplätzen, Aussichtspunkten und beschilderten Wanderwegen, wobei der touristische und damit wirtschaftliche Aspekt des Nationalparks eindeutig Vorrang genoß. Wanderer werden es der ICONA allerdings danken, daß sie zahlreiche alte Wege, die von der Bevölkerung schon lange nicht mehr genutzt wurden, wieder in einen begehbaren Zustand versetzt hat.

In den 1990er Jahren geriet die ICONA wegen ihrer Abhängigkeit vom Landwirtschaftsministerium zunehmend ins Kreuzfeuer der öffentlichen Kritik. Daher wurde sie 1995 durch die neue Verwaltungseinheit »Parques Nacionales« ersetzt. Erklärtes Ziel ist es heute, den über Jahrhunderte hinweg durch Rodung und Holzkohlenutzung dezimierten natürlichen Bestand an Lorbeerwald, der auf Gomera einst ein mehr als doppelt so großes Areal bedeckte, zu vergrößern. Dies will man durch Entfernung fremder Forstbäume und nachfolgende Aufforstung mit einheimischen Arten erreichen. Außerdem sollen die Touristenströme noch mehr als bisher kanalisiert werden, damit Flora und Fauna in entlegenen Gebieten ungestört bleiben.

Doch entsprechende Maßnahmen gehen nach Ansicht einheimischer Umweltschützer viel zu schleppend voran. Ein großes Problem in diesem Zusammenhang ist die Hauptverkehrsstraße, die quer durch den Nationalpark Garajonay gelegt wurde und den Westteil der Insel an die Hauptstadt San Sebastián anbindet – sehr zum Zorn örtlicher Umweltgruppen, die eine Verseuchung des Waldes durch Autoabgase und Belästigung der Tierwelt durch Lärm beklagen. Sie fordern die sofortige Sperrung der Carretera Dorsal, eine Maßnahme, die wohl so schnell nicht realisiert werden dürfte.

Palmhonig –
eine süße Sache

Wer auf Gomera stolzer Besitzer eines Palmenhains ist, muß in den Sommermonaten zweimal am Tag eine nicht ganz ungefährliche Kletterpartie in die Wipfel der Bäume unternehmen. Auf in den Stamm getriebenen Holzpflöcken geht es in schwindelerregende Höhen – die Kanarische Palme kann immerhin bis zu 25 m hoch werden. Gegen Abend wird mit Hilfe eines Stemmeisens die Schnittstelle in der Blütenknospe erneuert, aus der in der kommenden Nacht der Palmsaft in ein Auffanggefäß sickert. Bis zu 16 l kann ein Baum pro Nacht liefern. Am nächsten Morgen muß der Saft vor Sonnenaufgang abge-

holt werden, denn unter Lichtein-
fluß verdirbt er rasch. Zu diesem
Zweck wird der schwere Eimer an
einem Seilzug heruntergelassen. Einen Sommer lang wiederholt sich
dieser Vorgang Tag für Tag. Nach
zwei oder drei Monaten gilt es auf-
zupassen. Kommt man beim weiteren Nachschneiden dem Vegetati-
onspunkt zu nahe, kann der Palme
ernsthafter Schaden zugefügt werden. Der Baum braucht nun fünf
Jahre, um sich zu erholen, bis erneut Saft gewonnen werden kann.
Diejenigen Exemplare, die gerade
genutzt werden, sind übrigens an
einem um den Stamm gelegten Metallring zu erkennen. Er dient dazu,
Mäuse und Ratten fernzuhalten, die
sich von dem süßen Duft angezo-
gen fühlen.

An der Herstellung des Palmho-
nigs ist die ganze Familie beteiligt.
Der Saft wird aufgekocht und unter
ständigem Rühren eingedickt. Zwei
bis drei Stunden kann es dauern bis
der dunkle Sirup die richtige, zäh-
flüssige Konsistenz hat. Aus fünf
Litern Palmsaft gewinnt man etwa
einen Liter Honig. Wegen seines hohen Nährwerts – er enthält mehr Mi-
neralien als Bienenhonig, dafür allerdings weniger Vitamin C – wird
Palmhonig von den Einheimischen
traditionell gern als Kindernahrung
genutzt. Auch ersetzt er den Zucker
in Kuchen und Süßspeisen. Eigen-
willig schmeckt Palmhonig mit Käse zum Dessert. Vor allem aber
mischt man ihn unter alkoholische
Getränke. In jeder Dorfkneipe steht
auf dem Tresen ein großer Krug voll
Mistela, einem likörartigen Ge-
tränk, in dem Palmhonig und Parra
(einheimischer Branntwein) eine
feurige Verbindung eingehen. Die

Vorfahren der heutigen Gomeros
haben den Palmsaft nach Art der
Altkanarier zu Wein vergoren. Im
16. Jh. soll es auf Gomera sogar spe-
zielle Wirtshäuser gegeben haben,
die Palmwein ausschenkten.

Auf manchen Inseln des Archipels wurde vielleicht nie Palmhonig
gewonnen, auf anderen hat man die
Produktion schon vor langer Zeit
eingestellt. Auch auf Gomera, das
mit 106 643 Exemplaren (1985 offi-
ziell gezählt) mehr Palmen besitzt
als alle übrigen Kanareninseln zusammen, war Palmhonig schon zur
Rarität geworden, doch erlebt er
seit einigen Jahren eine Renais-
sance. Dies ist der gesteigerten
Nachfrage durch die Touristen zu
verdanken. Etwa 200 Palmen werden heute pro Jahr angezapft.

Zwar wurde die Kanarische Palme vor ein paar Jahren zum pflanz-
lichen Symbol des Archipels erklärt
und unter strengen Schutz gestellt.
Man will die Reste der einstmals
wesentlich ausgedehnteren Pal-
menhaine für künftige Generatio-
nen erhalten. Doch die Wirklichkeit
sieht anders aus. Häufig leidet die
Palme unter Wassermangel, da die
angrenzenden Felder nicht mehr
bewässert werden. Nur dort, wo
Honiggewinnung stattfindet, wird
der majestätische Baum von den
Bauern gepflegt.

Andernorts wird die Kanarische
Palme, die übrigens im gesamten
Mittelmeerraum als Zierpflanze be-
gehrt ist, oft als störend empfun-
den. Da das Abholzen heute bestraft
wird, versuchen die Bauern sie ohne großes Aufsehen zum Absterben
zu bringen. In Valle Gran Rey, so
heißt es, schüttet man zu diesem
Zweck Altöl unter die Palmen ...

El Silbo –
Unterhaltung mit Pfiff

Teneriffa-Urlauber, die eine Tagestour nach Gomera buchen, kommen meist unverhofft in den Gemuß des Silbo, ohne je zuvor von dieser seltsamen Pfeifsprache gehört zu haben. Das Mittagessen in einem der großen Ausflugslokale, die bis zu fünf vollbesetzte Busse gleichzeitig abfertigen, ist fester Bestandteil des Programms. Zwar ist die Küche in der Regel nicht sterneverdächtig, doch lauwarme Suppe und zähes Steak sind schnell vergessen, wenn die Demonstration des Silbo beginnt. Wie Vogelgezwitscher klingt es, wenn die *Silbadores* (Pfeifer) miteinander kommunizieren.

Wanderer haben es schon ungleich schwerer, in den Bergen noch Hirten anzutreffen, die sich mit Hilfe des Silbo über große Entfernungen hinweg unterhalten. Denn diese Kunst praktiziert fast nur noch die ältere Generation, die in einer Zeit aufwuchs, als Telefon und Straßenverbindungen auf Gomera noch Zukunftsmusik waren. Damals gab es ein Netz von Relaisstationen, das Nachrichten rund um die Insel weitergab, etwa um Todesfälle oder Geburten anzuzeigen. Pfiffe reichen 4-6 km weit und waren somit in dem zerklüfteten Gelände Gomeras, wo Boten stundenlang von Ort zu Ort unterwegs gewesen wären, ein unverzichtbares Kommunikationsmittel.

Vollständige Sätze können hin- und hergepfiffen werden. Die Sprachlaute werden beim Silbo direkt in Pfiffe umgewandelt. Daher kann er in allen Sprachen verwendet werden. Professionelle *Silbadores*, die vor Touristengruppen auftreten, machen sich dies zunutze. Sie verblüffen ihre Zuhörer damit, daß sie deutsche, englische oder französische Sätze in die Pfeifsprache übertragen. Helle Vokale (e, i) werden hohen Tönen zugeordnet, dunkle Vokale (a, o, u) den tiefen Tönen. Vokale zieht man grundsätzlich lang, Konsonanten dagegen kurz. Auch bei letzteren gibt es hohe und tiefe Töne, dazu stimmlose und stimmhafte Laute. Lippen und die zu Hilfe genommenen Finger erzeugen die Tonhöhe, während die Zunge eine wichtige Rolle bei der Artikulation des Pfiffs spielt.

Um Nachrichten über größere Entfernungen zu vermitteln, wird der Pfiff verstärkt, indem man einen Finger in den Mundwinkel steckt und die andere Hand als Schalltrichter benutzt. Viele Buchstaben klingen recht ähnlich, so daß insbesondere das Verstehen des Silbo eine schwierige Kunst ist. Nur jemand, der sein Gehör von Jugend an trainiert hat, ist in der Lage, anspruchsvolle Unterhaltungen zu führen.

Pfeifsprachen gibt es auch anderswo. In Schwarzafrika findet man sie noch hier und da, insbesondere auf der Insel Póo. In Mexiko sollen sich die Indianer in vorspanischer Zeit durch Pfiffe verständigt haben. Diese Kunst wird bei den Zapoteken im Süden des Landes bis heute praktiziert. Dennoch bleibt der Silbo ein linguistisches Unikum, da nur ihm eine wirkliche Übertragung des gesprochenen Worts gelingt. Aus alten Chroniken geht hervor, daß schon die Ureinwohner den Silbo benutzten. Wahrscheinlich war er früher auf allen Kanareninseln verbreitet, vielleicht auch bei den nordafrikanischen Berberstämmen.

Nur auf Gomera und – was kaum bekannt ist – auf Hierro blieb er bis in die Gegenwart hinein in Gebrauch. Gründe dafür mögen die relative Abgeschiedenheit und Unwegsamkeit dieser Inseln sein. Um den Silbo vor dem Aussterben zu bewahren, hat ihn die UNESCO 1982 zum Kulturgut der Menschheit erklärt. In der Schule von Agulo wird er unterrichtet. Pfeif-Wettbewerbe kann man neuerdings wieder öfter auf Volksfesten erleben. Und nicht zuletzt trägt auch der Tourismus einiges zur Erhaltung des Silbo bei.

Tradition der Viehzucht

Karneval in Los Llanillos: Wilde Gestalten, in Felle gehüllt, mit stoßkräftigen Hörnern auf dem Kopf, gehen mit Gebrüll auf die Menge los – Schafböcke in Menschengestalt, selbst die Schelle um den Hals fehlt nicht.

Wer ein Winterfest à la Teneriffa mit Sambarhythmen und Glamourgirls erwartet, kommt aus dem Staunen nicht heraus. Auf Hierro hat der Karneval – und nicht nur dieser – eine archaische Komponente, eine Fruchtbarkeitssymbolik, die andernorts längst verlorengegangen ist. Sitten und Gebräuche aus der Eroberungszeit haben sich bis in die jüngste Vergangenheit fast ungebrochen erhalten. Sowohl bei Volksfesten als auch im täglichen Leben sind sie noch spürbar.

Hierro ist eine Insel der Viehzüchter. Für den Ackerbau eignet sich der trockene Boden nicht sonderlich. Tradition und Aberglaube der Schafhirten beherrschen seit jeher die Gedanken der Herreños. Sogar die Inselheilige, Virgen de los Reyes, beanspruchen die Hirten eigentlich für sich. Noch immer führt die Bajada, eine Prozession zu Ehren der Jungfrau, über alte Hirtenpfade. Tanzende ahmen dabei eine Schafherde nach und singen von den angestammten Rechten der Viehhüter – keine Mauer, kein frisch bestelltes Feld darf den Herden den Weg verbauen, jedes Hindernis wird niedergetrampelt.

Ein strenger jahreszeitlicher Rhythmus bestimmte bis vor wenigen Jahrzehnten die Viehwirtschaft.

Im Frühjahr trieb man die Schafe auf die Felder der Hochflächen, wo im Winterhalbjahr Getreide angebaut wurde. Ein altes Recht gestand jedermann zu, diese Flächen nach der Ernte als Weide zu nutzen. Den Sommer verbrachten die Herden in den Kiefernwäldern. Ab Ende Oktober diente *La Dehesa,* das Ödland im Südwesten, als Winterweide. Bei dieser freien Form der Viehhaltung war es unvermeidlich, daß hin und wieder ein Schaf verloren ging. Alle zwei Wochen trafen sich die Hirten, um festzustellen, ob die Herden noch komplett waren.

Dazu mußte man die Tiere markieren. Brandzeichen kommen bei Schafen wegen des dicken Fells nicht in Frage. So führten wohl schon die ersten kastilischen Einwanderer eine Form der Kennzeichnung ein, die für Ziegen und Schafe einst auf der ganzen Iberischen Halbinsel verbreitet war – Schnitte in den Ohren, die nach einem genau definierten System ausgeführt werden. Je drei Messerschnitte pro Tier müssen es sein. Es können Löcher oder Rechtecke in die Ohren geschnitten oder Zipfel ganz abgeschnitten werden, auch Einschnitte an verschiedenen Stellen sind möglich. Doch gibt es nur eine begrenzte Zahl von erlaubten Kombinationen, die früher vom Vater mitsamt der Herde auf den jüngsten Sohn vererbt wurden. Alle anderen Söhne hatten das Nachsehen. Sie konnten nur in Ausnahmefällen (etwa durch Heirat oder Kauf) zu einem Zeichen und damit zu einer Herde gelangen.

Jungtiere werden anderswo erst im Alter von sechs Monaten gekennzeichnet, auf Hierro aber schon 15 Tage nach der Geburt. Dies nicht ohne Grund, gehörten doch früher alle Schafe, die bei der regelmäßigen Zusammenkunft der Hirten ohne Markierung angetroffen wurden, automatisch der Virgen de los Reyes und damit der Kirche. Sie mußten sofort mit dem Zeichen der Jungfrau versehen werden, d.h. ein Ohr wurde ganz abgeschnitten.

Weit verbreitet war früher das System der *Medianería.* Der Viehbesitzer brachte die Tiere ein, der Schäfer seine Arbeitskraft. Alle Einnahmen aus dem Verkauf von Wolle und Käse wurden geteilt, ebenso nach Ablauf von vier Jahren die inzwischen geborenen Jungtiere. Nun konnte der Hirte mit den jungen Schafen eine eigene Herde aufbauen, doch in der Praxis sah es meist so aus, daß der Viehbesitzer ihm die Tiere abkaufte und ein neuer Vertrag über vier Jahre geschlossen wurde.

Das System der *Medianería* ist heute fast ausgestorben, die alten Hirtenpfade werden kaum noch genutzt. Die Schafherden stehen ganzjährig auf *Cercados,* von Mauern eingefaßten Weiden. Moderne Rassen, wie sie immer häufiger auf Hierro zu sehen sind, seit 1986 eine exportorientierte Molkerei errichtet wurde, kommen mit dem dürren Pflanzenwuchs auf der Hochebene und der Dehesa nicht mehr zurecht. Sie benötigen fette Weiden, die regelmäßig gepflegt werden müssen. Der alte Brauch der Viehhüter ist trotz allem nicht in Vergessenheit geraten: Nach wie vor kennzeichnen die Schäfer ihre Tiere durch die nun eigentlich überflüssigen Schnitte am Ohr.

Oase in der Küstenwüste

Von San Sebastián nach El Cabrito

Ein steiniger Küstenpfad führt über trockene Bergrücken und durch einsame Täler zur Playa de la Guancha und weiter zum Strand von El Cabrito, wo sich die gleichnamige Finca wie ein kleines Paradies präsentiert.

DIE WANDERUNG IN KÜRZE

++
Anspruch

5 Std.
Gehzeit

650 m
An-/Abstieg

Charakter: Steiniger alter Verbindungsweg, mehrere Auf- und Abstiege

Ausrüstung: Badesachen, Sonnenschutz, reichlich Getränke

Einkehrmöglichkeiten: Kiosk an der Rezeption der Finca El Cabrito (Getränke, Eis, Obst aus eigenem Anbau)

Anfahrt: Mit dem Pkw: San Sebastián ist über die Carretera del Sur mit Playa de Santiago und Valle Gran Rey sowie über die Carretera del Norte mit Hermigua und Vallehermoso verbunden. Beide Straßen treffen am Stadtrand zusammen. Hier sollte man den Wagen abstellen, da Parkplätze im Zentrum von San Sebastián und hinter dem Strand gebührenpflichtig sind (außer So). Zu Fuß ist die Küste, der Hauptstraße folgend, in wenigen Minuten erreicht.

Mit dem Bus: Nach San Sebastián verkehren Busse von Valle Gran Rey (Linie 1), Playa de Santiago (Linie 2) und Vallehermoso (Linie 3) über Agulo und Hermigua). Von El Cabrito verkehrt mehrmals täglich eine Personenfähre der Ferienanlage nach San Sebastián. Sofern sie nicht durch Hausgäste ausgebucht ist, werden Wanderer mitgenommen. Tickets (6 € pro Person) am Kiosk (s.o.).

Wir starten an der **Uferpromenade** von **San Sebastián**. An der breit ausgebauten, mit Oleanderbüschen bestandenen Promenade geht es Richtung Süden mit Blick auf eine Bergwand, an der sich in einiger Entfer-

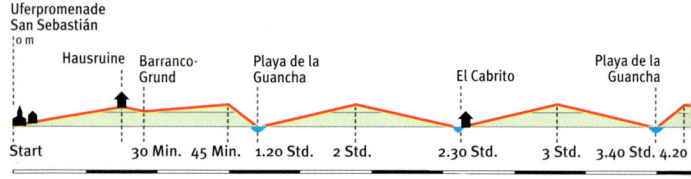

nung die 1958 errichtete Christus-statue Monumento al Sagrado Cora-zón de Jesús erhebt. Etwa 150 m vor dem Ende der Uferpromenade bie-gen wir rechts in eine Erdstraße ein, die an den buntgestrichenen Lager-tanks des Unelco-Elektrizitätswerks vorbeiführt. Hinter der Einfahrt auf das Kraftwerksgelände zweigt links der **Fußweg nach El Cabrito** ab (5 Min.). Dieser verläuft zunächst am

Begrenzungszaun der Anlage ent-lang und windet sich dann recht steil einen Berghang hinauf. Nach 15 Gehminuten gabelt sich der Pfad. Der linke Zweig führt zu einem nur etwa 20 m entfernten Holzkreuz. Wir aber folgen **rechts** einer zunächst schwer erkennbaren, später durch einen weißen Pfeil und eine Felspyramide gekennzeichneten Spur. Der Weg zieht sich an einem mit Trockenge-büsch bestandenen Bergrücken ent-lang, wobei er langsam aber stetig weiter an Höhe gewinnt.

Eine **Hausruine** wird passiert, dann steigt man sanft in einen größeren Barranco hinunter und quert das ausgetrocknete **Flußbett** (30 Min.). Auf der anderen Seite steigt der Weg wieder an und kreuzt

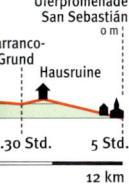

Blick auf San Sebastián

eine alte, in schlechtem Zustand befindliche Piste. Geradeaus geht es weiter, ehemalige Terrassenfelder passierend. Nach insgesamt 45 Min. erreicht man einen breiten Höhenrücken, auf dem man ohne weitere Steigungen bis zu einer Hangkante läuft. Tief unten erstreckt sich die dunkle Playa de la Guancha.

Der Weg führt in ein Tal hinein und dann in Serpentinen abwärts. Es geht in einen schmalen Barranco-Grund hinunter, dem man nach links ca. 50 m folgt, um dann an der **Playa de la Guancha** zu stehen, die zu einer ausgiebigen Badepause einlädt (1.20 Std.).

An dem einsamen Geröllstrand stehen ein paar Steinhütten und auch ein zeitweilig bewohntes Haus, an dem wir links vorbei unseren Weg in einen breiten Talgrund hinein fortsetzen. Dieser wird uns nun etwa 20 Min. lang begleiten. Hier gedeihen Tamarisken und Strauch-Dornlattich, eine stachelige, fast zu allen Jahreszeiten blattlose Pflanze. Der Pfad ist sorgfältig mit Kieselsteinen eingefaßt und dadurch gut zu erkennen. Etwa 100 m landeinwärts passiert der Weg eine weitere Steinhütte.

Hier zweigt links ein schmalerer Pfad ab, der unbeachtet bleibt. Der Weg hält sich nun zunächst am (in Wanderrichtung) rechten Talrand. Er quert den aktuellen Arm des Flußbetts, der sichtlich noch hin und wieder von Wasser durchflossen wird, wenn er auch den größten Teil des Jahres trockenliegt. Im Gegensatz zum restlichen Talgrund hat die schüttere Vegetation hier jedenfalls keine Chance, Fuß zu fassen. Wenige Minuten später überschreiten wir diesen Arm des Bachs noch einmal. Dann verläßt der Weg den rechten Rand des Barrancos und führt, hier nicht so deutlich erkennbar, aber durch eine kleine **Felspyramide** markiert, **quer über den Talgrund** zur anderen Seite (1.40 Std.).

Nach weiteren 2 Min. läßt man das Bachbett hinter sich und steigt schräg zum Hang an einer im oberen Bereich immer steiler werdenden Felswand aufwärts. Bei einer auffälligen **Steinpyramide** ist der **Höhenrücken** erreicht (2 Std.), und eine Wegbiegung weiter kommt die **Finca El Cabrito** in Sicht. Wir passieren eine Schranke, an der auf Spanisch gebeten wird, sie nach dem Durchgehen wieder zu schließen. In engen Serpentinen geht es steil hinunter zum Grund eines weiteren Barrancos. Diesem folgt man Richtung Meer, am Rand der Begrenzungsmauer des Anwesens entlang, und steht nach 2.30 Std. am Ziel der Wanderung, am **Strand von El Cabrito**. Auf dem gleichen Weg kehrt man dann wieder zum **Ausgangspunkt** (5 Std.) zurück. Oder aber man erspart sich den Rückweg, indem man mit der Fähre der Ferienanlage nach San Sebastián fährt (s.S.16). Auf diese Möglichkeit sollte man sich aber nicht fest verlassen!

El Cabrito

Lange Zeit galt der trockene Landstrich von **El Cabrito** für den Ackerbau als unbrauchbar. Erst 1907 wurde hier eine Bananenplantage gegründet, die ihr Wasser aus einem neuen Stausee erhielt. Nach dem Tod des Besitzers in den 1950er Jahren verfiel das Anwesen, bis es 1986 in die Hände der Kommune Friedrichshof überging. Der österreichische Aktionskünstler Otto Mühl, durch ekelerregende Bühnenshows bekannt geworden, hatte diese Sekte 1972 gegründet. Von heute auf morgen zogen Mühl und seine Jünger nach dem Reaktorunfall von Tschernobyl nach Gomera und erweckten El Cabrito zu neuem Leben. Mühl ließ die alte Lagerhalle für Bananen am Strand restaurieren, sie diente der Gruppe als Gemeinschaftshaus. Das Bürogebäude entwarf Mühl-Freund und Architekt Adolf Krischanitz. Es wurde in Form eines Schiffs unter Verwendung einheimischer Materialien errichtet. Auch das alte Herrenhaus wurde renoviert und sogar eine Kläranlage gebaut.

Doch die Idylle trügte. 1988 enthüllten »Stern«-Reporter die Machenschaften Otto Mühls. Er hatte seinen Jüngern Befreiung von allen sexuellen Tabus versprochen. Partnertausch per Computer-Liste und systematisches Ersticken enger Zweierbeziehungen, sei es zwischen Erwachsenen oder zwischen Eltern und Kind, sollen in der Kommune an der Tagesordnung gewesen sein. Wegen sexuellen Mißbrauchs Minderjähriger und Vergewaltigung einer knapp über Vierzehnjährigen wurde Mühl 1991 in Österreich zu sieben Jahren Haft verurteilt. Daraufhin drohte die Kommune zu zerfallen. Ein Teil der Mitglieder blieb, distanzierte sich von Otto Mühl und wandelte El Cabrito in eine ansprechende Ferienanlage um, in der mehrere Veranstalter Kurse für ein esoterisch interessiertes Publikum anbieten. Die Gäste wohnen in den ehemaligen, hübsch hergerichteten Wohnhäusern der Plantagenarbeiter. Da die Oase nur zu Fuß oder per Boot zu erreichen ist, verspricht ein Urlaub in El Cabrito absolute Ruhe und Erholung.

El Cabrito

2

Tour

Im Schatten des Felsen

Nach La Laja und zur Degollada de Peraza

In steilen Serpentinen führt ein alter Verbindungsweg in das blütenreiche Tal von La Laja hinunter, das von schroffen Felsen überragt wird. Weiter geht es hinauf zur Degollada de Peraza und zur Ermita de las Nieves.

DIE WANDERUNG IN KÜRZE		
+++ Anspruch	**Charakter:** Steiniger Serpentinenweg	zum Parkplatz am Mirador Roque de Ojila (etwa bei km 16). **Mit dem Bus:** Von San Sebastián bzw. Valle Gran Rey mit Linie 1 bis Agando. Wer von Santiago anreist, fährt mit Linie 2 bis zur Degollada de Peraza und beginnt dort die Wanderung.
	Ausrüstung: Regen- und Sonnenschutz, Proviant	
4 Std. Gehzeit	**Einkehrmöglichkeiten:** Bar Peraza an der Carretera del Sur (Getränke und einfache Gerichte)	
800 m An-/Abstieg	**Anfahrt: Mit dem PKW:** auf der Carretera del Sur bis	

Gegenüber dem markanten **Roque de Agando** (1246 m), der wie ein Zuckerhut geformt ist, befindet sich der **Mirador Roque de Ojila.** Vom dortigen Parkplatz folgen wir der Straße ein Stück bergab in Richtung San Sebastián, bis nach etwa 200 m neben einem Hinweisschild des Nationalparks Steinstufen nach links steil abwärts führen. Diese gehen bald in einen gepflegten, sanft ab-

steigenden Wanderweg über. Zur Linken erblicken wir neben dem Roque de Agando den spitzen Roque de la Zarzita (1234 m) und den rundlichen Roque de Ojila (1170 m). Schroff ragen die Felsen mit ihrem hellen, harten Gestein aus der umgebenden Buschlandschaft auf.

Neben dem Wanderweg stehen zahlreiche kleine Exemplare der Kanarischen Kiefer – Ergebnisse der

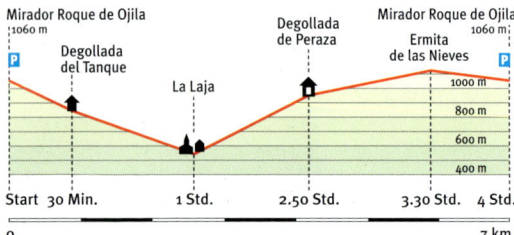

Aufforstungsbemühungen der Behörden. Die Schäden, die der schwere Waldbrand von 1984 in diesem Gebiet anrichtete (s.S. 25), sind kaum noch auszumachen. Rautenförmige gelbe Schilder mit dem Symbol eines Wanderers weisen den Weg, der hier ohnehin nicht zu verfehlen ist. Stetig geht es auf einem Bergrücken, der im Frühjahr von den weißen Blüten der Montpellier-Zistrose übersät ist, bergab zur Schutzhütte an der **Degollada del Tanque** (30 Min.). Sie ist nicht bewirtschaftet, bietet aber zum Übernachten oder bei – selten vorkommendem – Schlechtwetter einen gewissen Schutz.

Vor dem Eingang zum umfriedeten Bereich der Hütte führt die Route rechts weiter, durch gelbe Punkte markiert. Nach 40 Gehminuten pas-

siert der Weg, der nun durch ein kleines Tal verläuft, einen sorgfältig aufgeschichteten Steindamm, der bei starken Regenfällen, mit denen im Winterhalbjahr hin und wieder zu rechnen ist, wasserregulierend wirkt. Kurze Zeit später quert man das meist ausgetrocknete Bachbett auf einer kleinen **Holzbrücke.** Ein Seitental wird bald darauf ebenfalls auf Holzplanken überschritten. Dann kommen die ersten Häuser von La Laja tief unter uns in Sicht. Während das Bachbett nun in dem hier sehr tief eingeschnittenen Tal rasch an Höhe verliert, bleibt der Weg noch eine Weile an der schattigen, nordexponierten Talflanke, bevor es dann in einem schmalen Seitental, zwei weitere Regenrückhaltebecken passierend, recht steil abwärts geht. Dickfleischige Rosetten verschiede-

21

ner Aeonium-Arten und vereinzelter Seggenbewuchs deuten auf zumindest zeitweise vorhandenes Wasser hin. Stellenweise ist noch die alte Pflasterdecke des Wegs erhalten, wie sie früher für alle *caminos* der Insel üblich war.

Das steilste Stück des Abstiegs ist nach einer guten Stunde bewältigt. Links sehen wir den oberen Ortsteil von **La Laja**, wo die aus San Sebastián kommende Straße endet. Im feuchten Talgrund pflanzen die Bauern Kartoffeln und den großblättrigen Taro an, der auf Gomera *ñame* heißt und ähnlich wie Kartoffeln zubereitet wird. Weiter sanft absteigend geht es am Talhang des Barranco de las Lajas entlang, auf dessen gegenüberliegender Seite weißgetünchte Bauernhäuser in der Sonne glitzern. Nach 1.15 Std. zweigt links im spitzen Winkel ein Weg ab, dem wir aber nicht folgen, sondern geradeaus weiter gehen, wo ein **Holzschild** Richtung »Degollada de Peraza« weist. 5 Min. später führt ein schmaler Pfad, den wir ebenfalls unbeachtet lassen, rechts in einen kleinen Barranco. Nachdem wir an ein paar Häusern vorbeigegangen sind, treffen wir auf eine Weggabelung (1.30 Std.), wo wir nun den Hangpfad verlassen.

Der Beschilderung Richtung »Degollada de Peraza« folgend, geht es rechts steil auf Felstreppen aufwärts. In engen Serpentinen durchquert der sich anschließende Pflasterweg einen Hain aus niedrigen Palmen. Einen kleinen umzäunten Weinberg läßt man rechts des Wegs liegen und steigt dann an der schütter bewachsenen Barranco-Wand weiter steil aufwärts. Ein Blick zurück ins Tal zeigt die zahlreichen *diques*, die für den Barranco de las Lajas charakteristisch sind (s. Tour 3). Mit ihrem harten Gestein setzten sie der Erosion hartnäckig Widerstand entgegen und ragen nun als natürliche Felsmauern über die umgebenden Hänge empor. Nach 1.50 Std. ist eine schmale Paßhöhe erreicht, wo man sich eine Verschnaufpause gönnen kann. Ein steiniger Pfad, der hier nach rechts abzweigt, durch zwei gelbe Striche markiert, bleibt unbeachtet. Geradeaus wandert man in einen engen, mit Palmen bestandenen Barranco. Jenseits des geröllübersäten Bachbetts geht es in Serpentinen wiederum steil bergan. Zwei weitere kleinere, muldenförmige Barrancos, in denen nicht nur Palmen, sondern auch auffällig viele Agaven gedeihen – kenntlich an ihren überdimensionalen Blütenständen –, werden umrundet, wobei der Weg stetig an Höhe gewinnt.

Nach 2.20 Std. gelangen wir in einem größeren Barranco an eine **Weggabelung,** wo ein Schild bergauf zur »Degollada de Peraza« weist. (Der schmalere linke Pfad, der ins Bachbett hinunterführt, bleibt unbeachtet.) Dem Hauptweg folgend, geht es an der Talflanke aufwärts. 10 Min. später verlassen wir den oberen Talbereich des Barrancos. Links des Wegs steht eine verfallene **Hausruine.** Dieser Platz wird oft von Bauern zum Zweck der Schafschur aufgesucht. Hinter der nächsten Wegbiegung kommt links der **Tagamiche** (979 m) mit dem Sendeturm in Sicht, und geradeaus erblicken wir genau voraus die hohe Stützmauer am **Aussichtspunkt Degollada de Peraza,** dem nächsten Ziel. Doch bis dahin ist noch ein steiler Anstieg zu bewältigen.

Nach 2.50 Std. Gehzeit steht man auf der Aussichtsterrasse an der Carretera del Sur. Hier lohnt nach links der Abstecher zur etwa 150 m ent-

Roque de Agando

fernten **Bar Peraza,** wo man sich bei einem kühlen Bier von den Mühen des Aufstiegs erholen kann.

Die Degollada de Peraza verdankt ihren Namen dem berüchtigten Gra-
fen Fernán Peraza el Joven, der Gomera in der zweiten Hälfte des 15. Jh. gemeinsam mit seiner ebenso schönen wie grausamen Gattin Beatriz de Bobadilla beherrschte. Im Jahr 1488

wurde Peraza an diesem Ort ermordet. Rebellische Ureinwohner vom Stamm der Agana hatten ihm vor der Wohnhöhle seiner Geliebten, dem Guanchenmädchen Iballa, aufgelauert. Dies war der Auftakt zur Rebellion gegen die spanischen Eroberer. Perazas Witwe mußte sich mit den Kindern und einigen treu ergebenen Vasallen im Torre del Conde in San Sebastián verschanzen, konnte aber noch rechtzeitig einen Boten nach Gran Canaria schicken. Der dortige Gouverneur eilte mit seinen Truppen zu Hilfe und rächte blutig den Grafenmord.

Durch falsche Versprechungen lockte man die Aufständischen aus ihren Verstecken. Alle männlichen Angehörigen des Agana-Stamms, die über 15 Jahre alt waren, wurden hingerichtet, Frauen und Kinder verkauft. Die Höhle, vor der sich der Überlieferung zufolge der Mord an Peraza ereignet hat, befindet sich bei den Häusern, die unterhalb der Bar Peraza stehen. Sie ist zugemauert und dient als Viehstall.

Vom Mirador wendet man sich anschließend auf der Straße bergauf, Richtung Valle Gran Rey und passiert kurz darauf die Abzweigung nach Playa de Santiago. Etwa 50 m hinter der Straßengabelung führt rechts eine steile **Felstreppe** bergauf, die mit gelben Strichen und grünen Punkten markiert ist. Sie geht in einen Pflasterweg über, auf dem man zu einem Bergrücken gelangt, dem man am Rande eines umzäunten Weidegeländes folgt. Hinter dem Gatter erweitert sich der Pfad zu einem Feldweg, der direkt auf ein einzeln stehendes, an eine Felskuppe geducktes Haus zuhält. Etwa 50 m vor dem Gebäude (an dieser Stelle ist rechts eine Relaisstation zu sehen) gabelt sich der Fahrweg (3.15 Std.). Wir wählen die rechte Spur, die knapp unterhalb des Hauses entlang führt und erreichen 5 Min. später eine breitere Schotterpiste, auf der wir rechts auf die schon weithin sichtbare Ermita de las Nieves zuhalten.

Nach insgesamt 3.30 Std. Gehzeit zweigt **rechts** ein **felsiger Pfad** ab, der durch gelbe Punkte markiert ist. Er führt direkt auf den großen Vorplatz der **Ermita de las Nieves**, wo es zahlreiche schattige Picknicktische, überdachte Grillstellen und sogar Trinkwasser gibt. Einheimische Familien verbringen hier an Sommerwochenenden gern den ganzen Tag und vertreiben sich die Zeit mit Essen, Trinken und Ballspielen. Durch einen Sehschlitz in der meist verschlossenen Tür der Ermita kann man einen Blick auf den stets blumengeschmückten Holzaltar mit der Madonnenfigur werfen. Einmal im Jahr, am zweiten Sonntag im Oktober, begeht man das Fest der Virgen de las Nieves (Jungfrau vom Schnee) mit einer Wallfahrt zur Kapelle.

Am rechten hinteren Ende des Picknickplatzes verläßt man den Bereich der Ermita und folgt weiter der Piste, die bald in einen Waldweg übergeht, flankiert von flechtenbehangener Baumheide. Der Fahrweg endet an einem **Wendeplatz** (3.40 Std.), von wo ein Fußweg tiefer in das Erikagebüsch hineinführt. Stellenweise wird er sogar zum Hohlweg – ein besonders reizvoller Wegabschnitt. Dieser Heidewald blieb beim Waldbrand 1984 verschont, was die Gomeros auf die wundertätige Wirkung der Jungfrau vom Schnee zurückführen.

Nach weiterem kurzem Anstieg geht es dann endlich einmal wieder bergab. Wie an der stellenweise noch vorhandenen Pflasterung zu erkennen ist, befinden wir uns hier abermals auf einem der alten Hauptverbindungswege der Insel. Unvermittelt öffnet sich nach vorne ein herrlicher Panoramablick über die drei markanten Roques Agando, Zarzita und Ojila. Jetzt sind es nur noch wenige Schritte bis hinab zur Straße, der wir nach rechts etwa 300 m bis zum **Mirador Roque de Ojila,** dem Ausgangspunkt, folgen (4 Std.).

Waldbrände

Der Waldbrand von 1984 vernichtete nahezu 10% der Waldfläche Gomeras. 20 Menschen fanden damals den Tod in den Flammen. Ein Mahnmal an der Höhenstraße beim Roque de Agando hält die Erinnerung an die Opfer wach.

Begonnen hatte alles ganz harmlos. Am späten Abend des 10. September wurde einer der üblichen Brände gemeldet, der in einem Kiefernwald bei La Laja ausgebrochen war. Zwischen 50 und 100 davon gibt es jeden Sommer auf den Kanarischen Inseln, so daß niemand besondere Notiz von dem Ereignis nahm. Wie gewöhnlich fand kaum eine Bekämpfung statt, da die Feuerwehr auf Gomera damals weder über geeignete Löschfahrzeuge noch über Wasserdepots an gefährdeten Stellen verfügte. Immerhin reiste der neue Zivilgouverneur der Provinz Teneriffa, der gerade 44 Tage im Amt war, am darauffolgenden Vormittag nach Gomera, um das Feuer – aus sicherer Entfernung, wie man glaubte – vom Aussichtspunkt am Roque de Agando zu beobachten. Dann kam es zur Katastrophe. Blitzschnell trieb der Wind die Flammenfront in Richtung Straße. Der Gouverneur, einige seiner Mitarbeiter und weitere Zuschauer konnten sich nicht schnell genug in Sicherheit bringen und wurden Opfer des Feuers.

Als der Brand am 14. September schließlich von selbst zum Stillstand kam, stellte man fest, daß das Feuer vor den einheimischen Waldformationen, dem Fayal-Brezal und dem Lorbeerwald, haltgemacht hatte. Leichte Beute der Flammen waren hingegen die fremden Baumarten gewesen, mit denen in den 1960er Jahren große Flächen auf Gomera aufgeforstet worden waren. Bei der kalifornischen Monterey-Kiefer sorgten das Harz, beim australischen Eukalyptus die ätherischen Öle in den Blättern für gute Brennbarkeit. Heute bemüht sich die Naturschutzbehörde im Bereich des Nationalparks, den – sich überall spontan ausbreitenden – Eukalyptus durch Rindeneinschnitte zum Absterben zu bringen.

Die Ursache der Brandkatastrophe von 1984 blieb ungeklärt. Man weiß mittlerweile, daß etwa 40% der Feuer auf den Kanarischen Inseln auf Brandstiftung zurückzuführen sind. Erboste Jäger, denen die Jagd in unter Naturschutz gestellten Gebieten verboten wurde, kommen als Täter ebenso in Frage wie entlassene Landarbeiter, die sich am Großgrundbesitzer rächen wollen. Hirten, die im Kiefernwald den Unterwuchs abfackeln, um im nächsten Frühjahr frisches Grün für ihre Ziegen zu haben, sind für weitere 13% der Waldbrände verantwortlich. Auf das Konto von Leichtsinnigen (weggeworfene Zigarettenkippen, Feuerwerkskörper, Lagerfeuer usw.) gehen 28%, brennende Müllkippen und Kurzschlüsse in Stromkabeln schlagen mit zusammen 5% zu Buche. Der Rest ist unbekannt.

Bergwelt des Südens

Von Pajarito über Imada zum Roque de Agando

Steile Saumpfade führen vom zentralen Höhenrücken abwärts ins Palmendorf Imada und durch karge, grandiose Landschaften weiter in den einsamen Bergweiler Benchijigua. Nach anstrengendem Anstieg sind die bizarren Roques erreicht.

DIE WANDERUNG IN KÜRZE

+++

Anspruch

7 Std.

Gehzeit

850 m

An-/Abstieg

Charakter: Steile und steinige, teils etwas zugewachsene Saumpfade; auf dem Rückweg läuft man eine knappe Stunde entlang der Höhenstraße, soweit man nicht mit dem Linienbus angereist ist.

Einkehrmöglichkeiten: In Imada an der Hauptstraße die Bar Arcilia (Getränke und belegte Brötchen). Im Zentrum von Benchijigua ebenfalls eine (nicht immer geöffnete) Bar

Anfahrt: Mit dem Pkw: Über die Carretera Dorsal (Höhenstraße) bis zur Straßengabelung Pajarito, wo die Straße Richtung

Santiago/Alajeró abzweigt. Dort Parkplatz mit einer Informationstafel. **Mit dem Bus:** Von San Sebastián bzw. Valle Gran Rey mit Linie 1 bis zur Straßengabelung Pajarito an der Carretera Dorsal. Rückfahrt mit Linie 1 ab Agando. Wer mit dem Linienbus anreist, spart ca. 1.20 Std. Wanderzeit, davon knapp 1 Std. auf der relativ vielbefahrenen Höhenstraße! Um eventuelle Wartezeiten auf den Bus zu überbrücken, kann man der umgekehrten Beschreibung von Tour 2 bis zur Degollada de Peraza folgen, wo die Bar Peraza zur Einkehr einlädt.

Wir schlagen den breiten **Wanderweg** ein, der rechts neben der Informationstafel am **Parkplatz** abzweigt und mit »Los Roques« beschildert ist. Er führt uns höhenparallel am Rand eines Kiefernwaldes entlang. Schon nach 5 Min. führt unsere Wanderroute, wiederum beschildert mit »Los Roques«, links als schmalerer Pfad von dem breiten Waldweg weg. Bald darauf stehen wir auf einer kleinen **Kuppe**, die eine herrliche Fernsicht über den Nord-

osten Gomeras hinweg bis zur Nachbarinsel Teneriffa erlaubt. Auch der Felsdom des Roque de Agando, den wir am Nachmittag erreichen werden, ist deutlich direkt voraus zu erkennen. Rückblickend erkennen wir den Garajonay, den höchsten Gipfel Gomeras, auf dem ein paar Sendemasten stehen. Der weitere Weg führt leicht bergab, vorbei an Resten des ursprünglichen Lorbeerwaldes bis zu einer **Gabelung** (15 Min.), wo links ein breiter Weg zur nahegelegenen Höhenstraße führt. Wir jedoch gehen rechts auf dem Wanderweg weiter. Den Roque de Agando vor Augen laufen wir durch niedriges Gebüsch weiter, bis unser Pfad schließlich nach einer knappen halben Stunde in die Höhenstraße mündet. Auf ihr wenden wir uns rechts. Schon nach ca. 50 m zweigen rechter Hand zwei Pisten ab. Wir werden auf der rechten, mit »Imada« beschilderten Piste weiterlaufen, können aber zunächst auf dem linken Fahrweg einen kurzen Abstecher zur sogenannten **Olsen-Hütte** (30 Min.) machen, einem kleinen Betongebäude mit Antenne, vor dem sich eine Klimameßstation befindet. Von dort aus genießen wir den Blick zur Südostküste der Insel. Anschließend laufen wir zur Straße zurück und wenden uns nun der anderen, **mit »Imada« beschilderten Piste** zu. Ein Schild weist darauf hin, daß wir das Naturschutzgebiet von Benchijigua betreten. Durch hochgewachsenen Wald, in dem es gigantische Baumheiden und Gagelbäume zu bestaunen gibt, führt der breite Fahrweg sanft aber stetig bergab. Einen weiteren Fahrweg, der im spitzen Winkel nach links unten abzweigt (45 Min.), beachten wir nicht. Es geht geradeaus weiter. Den Wald haben wir inzwischen verlassen, Gebüsch säumt den Wegrand. Hinter der nächsten Kurve versperrt eine Kette den Weg für Fahrzeuge. Wir können seitlich passieren und kommen wenige Meter weiter an eine **Tafel,** die darauf hinweist, daß rechts von uns der Bereich des Nationalparks Garajonay beginnt. Gleich dahinter zweigt rechts ein Fahrweg ab, den wir ignorieren. Statt dessen folgen wir geradeaus der Beschilderung Richtung »Imada«. Links ergeben sich nun tiefe Einblicke in das Tal von Benchijigua, durch das wir später zum Roque de Agando hinaufsteigen werden. Nach 1 Std. biegt die Piste scharf nach rechts ab. Hier wandern wir geradeaus auf einem schmaleren Fahrweg weiter, der wiederum mit »Imada« beschildert ist. Die Fahrspur geht sehr bald in einen Fußweg über. Es handelt sich um einen alten Saumpfad, wie an der stellenweise noch recht gut erhaltenen Pflasterung zu erkennen ist. An der Flanke eines locker mit Palmen bestandenen Tales geht es nun etwas steiler bergab. Nach 1.15 Std., kurz bevor der Talgrund erreicht ist, gabelt sich der Weg. Der linke Abzweig führt nach El Azadoe. Auf ihm könnte man die Wanderung abkürzen (ca. 45 Min. Zeitersparnis). Lohnender ist es jedoch, den rechten Pfad einzuschlagen, der den Talgrund quert und dann leicht ansteigend auf der gegenüberliegenden Seite am Hang entlang weiterführt. Nach 1.30 Std. biegen wir um einen **Felssporn** und erblicken nun das Dorf Imada, das – eingebettet in einen Palmenhain – mit seinen weißgekälkten kubischen Häusern unter uns im Tal liegt. Der im folgenden Verlauf recht steinige Weg führt abwärts auf die Häuser von Imada zu. Kurz vor dem Ort ist noch das Bachbett des meist ausgetrockneten Barrancos zu queren, dann stehen wir bald an einem ersten Bauernhaus und gelangen von dort auf einer Treppe zu einem Wendeplatz (1.45 Std.), wo die Dorfstraße von **Imada** beginnt. Auf dieser halten wir uns abwärts. Wir kommen an einem von den Kindern mit phantasievollen Motiven bemalten Schulgebäude vorbei und gelangen bald darauf zu einer Senke (2 Std.), von wo aus die Straße wieder ansteigt. Genau am tiefsten Punkt der

Straße zweigt unmittelbar vor einem Haus zur Linken ein **Treppenweg** ab, den wir nun einschlagen. Direkt unterhalb des Hauses verlassen wir den Treppenweg und gehen links, an zwei Palmen vorbei, auf einem schmalen Weg weiter. Dieser gabelt sich, nachdem die Palmen passiert sind, vor einer Straßenlaterne. Hier gehen wir rechts, unterhalb eines Hauses vorbei. Wir queren ein winziges Bachbett und setzen unsere Route jenseits davon ungefähr hangparallel fort. Bald darauf können vor einer Palme, hinter der sich ein Strommast erhebt, Zweifel über den weiteren Wegverlauf aufkommen. Hier zweigt rechts ein schmalerer Pfad ab, den wir nicht beachten. Wir steigen statt dessen links hinauf. Schon bald verläuft der Pfad abermals höhenparallel weiter. Ein zweites, breiteres Bachbett ist zu queren. Dahinter führt der Weg oberhalb einer dünnen Wasserrohrleitung schräg nach rechts aufwärts auf eine Palmengruppe zu. An einer **Gabelung** (2.15 Std.) geht es rechts lediglich zu einem Haus. Wir steigen links über rötliches Tuffgestein aufwärts. Bald darauf passieren wir ein letztes Haus, das in exponierter Lage auf einem Felsrücken steht, und genießen von hier aus nochmals den Blick auf Imada. In südlicher Richtung schaut man weit zur Küste hinunter durch den eindrucksvollen

Barranco de Guariamar. Hinter einer weiteren **Felsnase** gabelt sich der Weg (2.30 Std.). Rechts sehen wir einige verlassene Häuser, auf die wir nun zuhalten. Der Weg beschreibt eine Linkskurve und gabelt sich erneut. Jetzt gehen wir nicht zu den Häusern hinüber, sondern halten uns links. Etwas oberhalb eines Talgrunds bei einer Palme zweigt in einer Rechtskurve links ein schmaler Pfad ab, den wir nicht beachten. Wir gehen auf dem teilweise noch gepflasterten alten Saumpfad rechts weiter. Wenige Meter weiter steigen wir weglos über ein ockerfarbenes Tuffgesteinsband ab und finden am unteren Rand eines aufgelassenen **Terrassenfeldes,** das durch eine hohe Mauer abgestützt wird, unseren Weg wieder. Dieser verläuft nun ohne weiteres Gefälle am Fuß der Mauer in den Barranco hinein und quert dort ein meist ausgetrocknetes Bachbett. Vor uns sehen wir jetzt die aus dunklem Naturstein gemauerten, verlassenen Häuser des winzigen Weilers **El Azadoe.** Auf diese hält unser Weg zu und erreicht sie um 2.45 Std. Oberhalb der Ruinen führt unsere Route weiter bis zu einem nahegelegenen Felskamm, den wir überqueren und auf der anderen Seite schräg nach rechts abwärts weiter dem alten Saumpfad folgen. Vor uns sehen wir tief im Tal gelegen den Weiler Lo del Gato und weiter

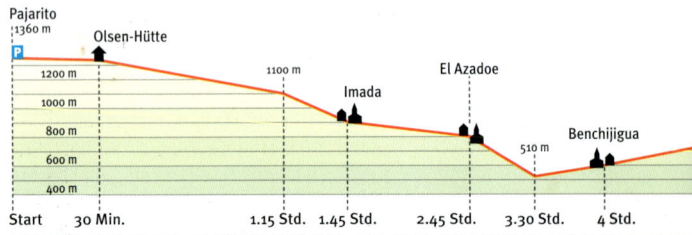

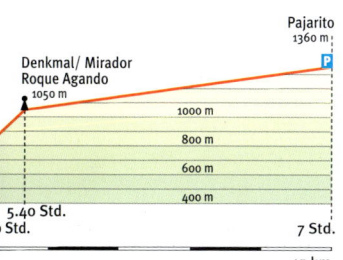

links, ein wenig höher, unser nächstes Ziel, den kleinen Ort Benchijigua. Dahinter erhebt sich hoch aufragend der Felsklotz des Roque de Agando. Nach 3 Std. gelangen wir, nachdem der Weg schon für einige Zeit einem ockerfarbenen Tuffgesteinsband gefolgt ist, an eine Ga-

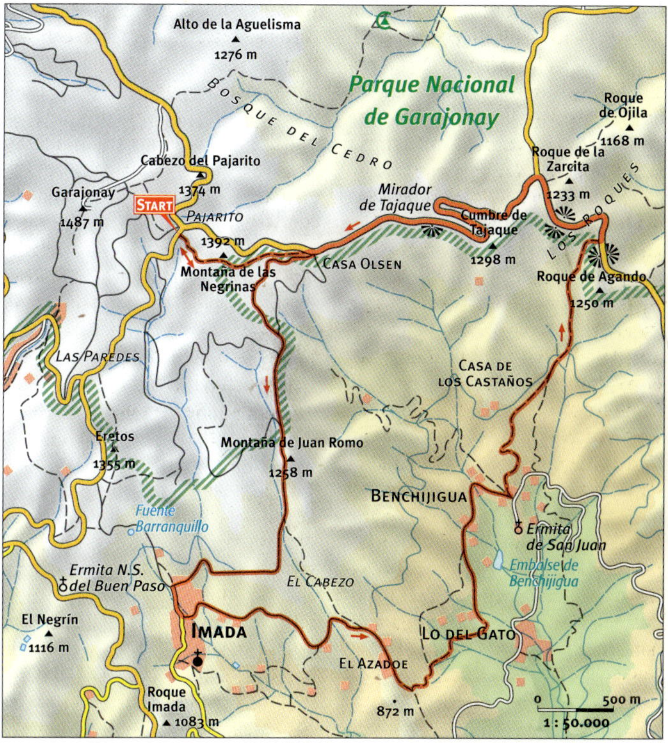

belung. Sie ist durch Steinmännchen markiert. Der Weg, der hier geradeaus weiterführt, ist durch eine flache Steinmauer verbarrikadiert. Wir halten uns links und verlassen das Gesteinsband. Der nun folgende Wegabschnitt ist teilweise ein wenig zugewachsen. Man kann ihn aber auch in kurzen Hosen in der Regel einigermaßen problemlos passieren. Nach gut viertelstündigem Abstieg in zahlreichen Serpentinen erreichen wir wiederum ein ockerfarbenes Gesteinsband, über das es nun mit verminderten Gefälle schräg abwärts geht. Anschließend hält der Weg auf einen sich im oberen Bereich mehrfach verzweigenden, palmenbestandenen Barranco zu. Wir durchqueren

29

Tour 3

mehrere Arme des **Barrancos** und passieren einen ehemaligen Dreschplatz, eine kreisrunde Felsfläche, die von niedrigen Mauern umgeben ist. Dahinter verläuft unsere Route schräg aufwärts weglos über eine Felsplatte, an deren Ende die Fortsetzung des Pfades, markiert durch Steinmännchen und einen roten Farbfleck, leicht wiederzufinden ist. Nächstes Etappenziel ist die **Ruine eines Schuppens** (3.30 Std.). Der weitere Wegverlauf ist hier zunächst nicht zu erkennen. Wir finden den Pfad jedoch, wenn wir unmittelbar links an dem Gemäuer vorbeigehen. Dort führt unser Weg schräg zum Hang weiter. Rechts blicken wir nun noch einmal zum deutlich nähergerückten Weiler Lo del Gato hinunter, oberhalb dessen eine betonierte Wasserleitung verläuft. Unsere Route berührt diesen Ort allerdings nicht, sondern hält auf das höhergelegene Benchijigua zu, das wir nach Passieren des nächsten Bergrückens schon recht nah vor uns liegen sehen. Benchijigua war von seinen Einwohnern schon fast verlassen, als es seit den 1990er Jahren in eine von der EU geförderte ökologische Modell-Feriensiedlung umgewandelt wurde. Vor den ersten Häusern mündet der Pfad in einen Feldweg (3.45 Std.), auf dem wir links aufwärts gehen. Nach 4 Std. gelangen wir ins ›Zentrum‹ von **Benchijigua**. Dort beginnt eine breite Piste. Dieser folgen wir jedoch nicht, sondern laufen um das erste Haus zu unserer Linken gegen den Uhrzeigersinn herum, wo wir einen **Wegweiser** Richtung Agando finden. An der Mauer des langen Hauses entlang verläuft ein Fahrweg, dem wir etwa 20 m folgen. Dann biegen wir rechts auf einen weiteren Fahrweg ab, der schon nach wenigen Metern durch eine

Kette versperrt ist. Noch vor der Kette zweigt wiederum rechts unser Wanderweg ab. Das Tal, durch das wir heraufgewandert sind, liegt nun zu unserer Linken. Schräg zum Hang geht es mit mäßiger Steigung aufwärts. Schon wenig später gilt es, vor einem Eukalyptushain auf eine weitere **Abzweigung** zu achten. Sie ist durch Steinmännchen markiert. Im spitzen Winkel knickt unser Wanderweg hier ab, die Häuser von Benchijigua sehen wir nun rechts von uns. Bei einer Kieferngruppe passieren wir eine Ruine und queren einen Wasserkanal. Dahinter öffnet sich der Blick zum schon deutlich nähergerückten Roque de Agando, zu dem es nun hinaufzusteigen gilt.

Der weitere Wegverlauf ist nicht ganz einfach auszumachen. Wir halten uns links auf einem Bergrücken aufwärts, wo wir zunächst eine felsige Partie überwinden müssen, um danach den Wasserkanal wieder unmittelbar links von uns zu sehen. Hier zweigt rechts ein deutlicher Pfad ab, der etwa höhenparallel am Hang entlang auf einen Eukalyptushain zuführt. Diesen benutzen wir jedoch nicht, sondern halten uns weiter auf dem Bergrücken aufwärts, einem undeutlicheren, durch Steinmännchen markierten Pfad folgend, der streckenweise über Felsplatten verläuft. Als Orientierungshilfe können **zwei hohe schlanke Palmen** dienen, die kurz hintereinander nach 4.30 Std. passiert werden. Dann verläßt unser Weg den Bergrücken und zieht sich, nun wieder deutlich erkennbar, in das unterhalb des Roque de Agando gelegene Hochtal hinein. Wir queren den feuchten, mit Weiden und Schilfrohr bestandenen Grund eines kleinen Barrancos und bald darauf einen betonierten abgedeckten **Wasserkanal**

(4.50 Std.), den wir schon von weitem gesehen hatten. Dann beginnt ein steiler Anstieg, zunächst durch niedriges Gebüsch. In den späten Wintermonaten sieht man hier zahlreiche Zistrosenblüten. Früher befand sich an dieser Stelle ein Mandelhain, doch die Büsche werden nicht mehr abgeerntet und können sich kaum noch gegen die natürliche Vegetation behaupten, die allmählich den Hang zurückerobert. Im weiteren Verlauf wird das Gebüsch höher und spendet angenehmen Schatten, der den Aufstieg ein wenig erleichtert. Am Wegrand blühen Margeritensträucher. Nach 5.30 Std. ist ein lichter Kiefernwald erreicht, durch den es vorübergehend mit verringerter Steigung, doch dann bald wieder sehr steil aufwärts geht. Dann ist über uns die Stützmauer der Höhenstraße zu erkennen. Nach besonders steilem Anstieg über eine Treppe im letzten Teil stehen wir nach 5.40 Std. an dem **Denkmal,** das an die Opfer des verheerenden Waldbrandes von 1984 erinnert (s. S. 25), und damit an der Höhenstraße direkt in Nähe des **Roque de Agando.** Wenn wir die Straße überqueren, können wir von dem Parkplatz auf der anderen Seite zur Nachbarinsel Teneriffa schauen. Dann halten wir uns an der Straße entlang aufwärts. Hinter der nächsten Biegung treffen wir auf den **Mirador de Los Roques,** wo man rechts auf einem sorgfältig angelegten Treppenweg einen kurzen Abstecher zu einer Aussichtsterrasse machen kann. Von hier aus blickt man von links nach rechts auf den Roque Zarzita, den Roque Ojila und den Roque Carmona.

Wir kehren zur Straße zurück und finden ein kurzes Stück weiter oberhalb auf der gegenüberliegenden Seite zwei weitere Aussichtspunkte, die nochmals einen Blick zum Roque de Agando und hinab in das Tal von Benchijigua, durch das wir hinaufgestiegen sind, erlauben. Wir folgen der Straße weiter bergauf, passieren **die Abzweigung nach Hermigua** (6 Std.) und bleiben auf der TF-713 Richtung Valle Gran Rey. Nach 6.20 Std. treffen wir auf den **Mirador de Tajaqué,** wo wir abermals in das Tal von Benchijigua hinabblicken. Nach 6.30 Std. stehen wir wieder an der Zufahrt zur Olsen-Hütte und finden 50 m weiter am Straßenrand linker Hand den Einstieg in den bereits vom Hinweg bekannten Wanderweg, der uns zurück zur **Pajarito-Straßengabelung** führt (7 Std.).

Roques und Diques

Eine Besonderheit Gomeras sind die Roques – schroffe Felsen, die sich markant über ihre Umgebung erheben. Sie bestehen aus Trachyt oder Phonolith, basaltähnlichen Gesteinen, die aus saurem Magma entstanden. Dieses Magma war so zähflüssig, daß es oft während des Ausbruchs im Vulkanschlot steckenblieb und dort erstarrte. Durch Erosionskräfte wurden später die lockeren Außenwände des Vulkans abgetragen und dabei die – relativ widerstandsfähigen – Schlotfüllungen freigelegt. Auf ähnliche Weise entstanden die vertikalen Gesteinsgänge *(diques),* die man ebenfalls häufig findet. Einem geometrischen Muster gleich durchziehen sie die Steilwände der Schluchten und wurden oft durch Erosion herauspräpariert, so daß der Eindruck von Menschenhand errichteter Mauern entsteht. In Wirklichkeit handelt es sich jedoch um Risse im Gestein, in denen aufdringendes Magma erstarrte.

Spektakuläre Aussichten

Durch den Barranco de Guarimiar

Die Mühen des steilen Abstiegs auf uralten Verbindungswegen werden durch grandiose Ausblicke belohnt. Erst geht es zu den palmengesäumten Terrassenfeldern des Talkessels von Imada hinab, dann durch die Klamm des Barranco de Guarimiar. Sanft verläuft der letzte Teil der Wanderung durch stille Dörfer.

DIE WANDERUNG IN KÜRZE

+++
Anspruch

4.30 Std.
Gehzeit

1350 m
Abstieg

Charakter: Steinige Serpentinenwege, Schwindelfreiheit und Trittsicherheit erforderlich

Einkehrmöglichkeiten: In Imada an der Hauptstraße die Bar Arcilia (Getränke und belegte Brötchen)

Anfahrt: Mit dem PKW: Ausgangspunkt ist die Straßengabelung Las Paredes. Man fährt zunächst auf der Carretera del Sur bis zur Gabelung Pajarito, wo man in die Straße Richtung Alajeró/Chipude einbiegt, die sich bei Las Paredes teilt. Kommt man von Playa de Santiago, läßt man sich am besten mit dem Taxi bis Las Paredes fahren. **Mit dem Bus:** Von San Sebastián bzw. Valle Gran Rey mit Linie 1 zur Straßengabelung Las Paredes. Rückfahrt von Playa de Santiago mit Linie 2 nach San Sebastián (Umsteigemöglichkeit Richtung Valle Gran Rey)

Ausgangspunkt ist die **Straßengabelung Las Paredes.** Auf der Straße Richtung Alajeró geht es abwärts, bis

auf der linken Seite zwischen zwei niedrigen Mauern ein Weg abbiegt (15 Min.). Er ist durch gelbe Punkte

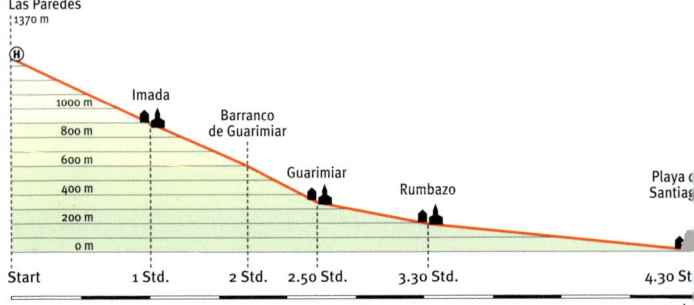

Las Paredes
1370 m

1000 m
Imada

800 m
Barranco
de Guarimiar

600 m

400 m
Guarimiar

Rumbazo

Playa de
Santiago

200 m

0 m

Start   1 Std.   2 Std.   2.50 Std.   3.30 Std.   4.30 St

0   10 k

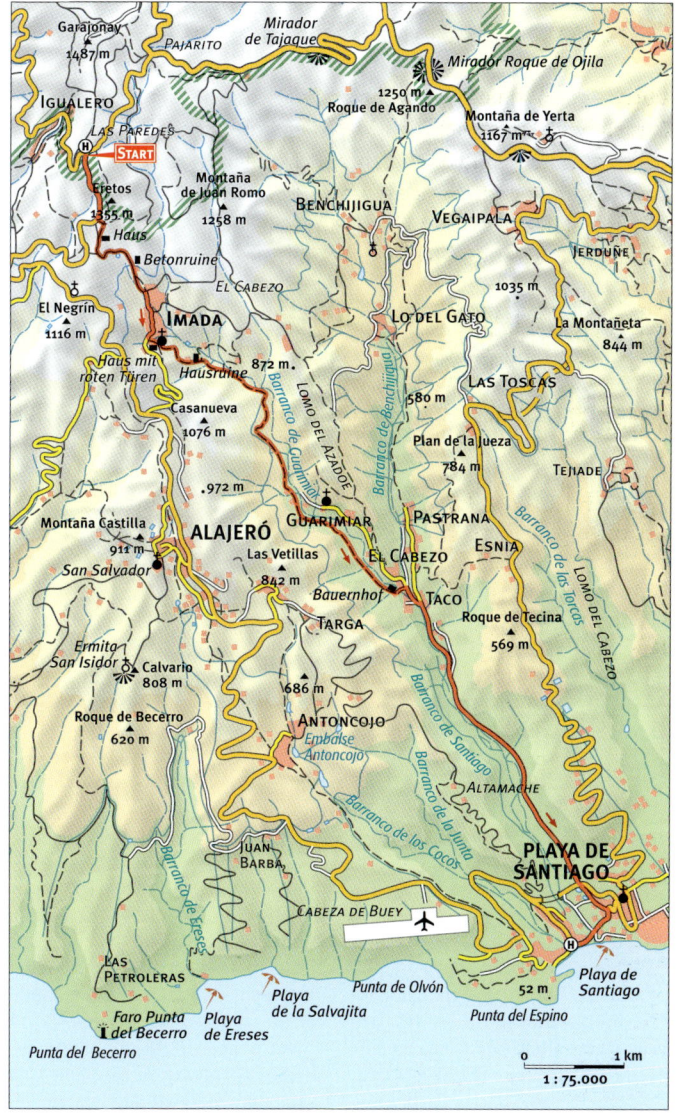

markiert. Zur Linken sehen wir terrassierte Weinfelder, die von Zäunen umgeben sind, um weidende Ziegen fernzuhalten. Der Weg quert die blumengesäumte Zufahrt zu einem Bau-

ernhaus. Geradeaus geht es weiter. Nun folgt der steile Abstieg nach Imada. Der Wanderweg ist stellenweise mit groben Steinen gepflastert und führt in Serpentinen durch die

Im Barranco de Guarimiar

karge Landschaft abwärts. Imposante Felswände ragen im Halbrund auf, das rötliche Gestein ist zu säulenartigen Gebilden erstarrt.

Bei einer **Betonruine** (50 Min.) wird eine nicht mehr in Betrieb befindliche Wasserleitung gequert. Wir halten nun direkt auf **Imada** zu, das mit seinen Palmen und weißgekalkten, würfelförmigen Häusern wie eine kleine Oase wirkt. Nach einer guten Stunde ist im Ort eine Straße erreicht, der wir nach rechts etwa 500 m weit folgen. Dann gilt es, auf der linken Seite auf ein modernes Haus mit auffällig rotgestrichenen Türen und Fenstern zu achten. Unmittelbar davor steigen wir links eine Treppe hinab. Schon nach weni-

gen Metern halten wir uns an einer Gabelung rechts und gehen auf einem betonierten, in Stufen angelegten Weg durch das Dorf abwärts. Hinter den letzten Häusern mündet dieser in ein **ausgetrocknetes Bachbett** (1.30 Std.), dem wir kurze Zeit nach links folgen. Dann führt der Weg rechts, nun relativ höhenparallel, durch Ackerland weiter.

Vor einigen Terrassenfeldern erreicht man etwa 5 Min. später eine Gabelung und geht auf dem gepflasterten Weg nach links abwärts, einer weißen Markierung folgend. Zu beiden Seiten türmen sich große Felsblöcke. Etwa 20 m darauf geht es wieder hangparallel zwischen Ackerterrassen weiter. Nach ca.

100 m passiert man die Ruine eines Bauernhauses. Dahinter führt der Weg bergab, zunächst mit Mauern eingefaßt durch Terrassenland, bald aber durch steiniges, locker mit Mandelbäumen, Palmen und Feigen bestandenes Gelände. Bei der Orientierung helfen kleine Steinpyramiden und rote Punkte. Nachdem zwei kleine Talmulden passiert sind, nähert man sich immer mehr dem fast ganzjährig ausgetrockneten Bett des **Barranco de Guarimiar,** in dem nur in ein paar Felstümpeln ein wenig Wasser steht. Man bleibt aber oberhalb des Talgrunds und steht wenig später über einer eindrucksvollen Schlucht mit Blick auf die zu beiden Seiten hoch aufragenden Felswände (2 Std.).

Der weitere Wegverlauf ist wiederum durch kleine Steinpyramiden und rote Punkte markiert. Es folgt ein vorübergehender, steiler Abstieg in Serpentinen über eine felsige Stufe. Später führt der Weg nur noch sanft abfallend direkt an der Felswand auf der rechten Talseite entlang. Er ist so geschickt angelegt, daß eigentlich nirgends Schwindelgefühle aufkommen dürften. Der Blick in den tief unter uns liegenden Talgrund fällt auf das schilfbestandene Bachbett, an dessen Flanken ein paar Felder angelegt wurden. Ansonsten sind in diesem einsamen Tal keine Spuren menschlicher Nutzung erkennbar. In einer Felsspalte (2.15 Std.) rieseln ein paar Tropfen Wasser aus dem Gestein. Das kostbare Naß wird in einer Rohrleitung aufgefangen. Kurz darauf erreichen wir einen stillgelegten **Wasserkanal,** dem wir etwa 100 m folgen. Dann entfernt sich der Weg nach unten von dem Kanal. Palmen werden nun häufiger, und die wenigen Häuser des Weilers Guarimiar sind schon gut zu erkennen. Bald sind die ersten Felder erreicht (2.40 Std.).

Wenig später stehen wir in einem ausgetrockneten Bachbett. In diesem darf man nicht abwärts steigen, sondern wendet sich auf der gegenüberliegenden Seite, einem roten Punkt folgend, gleich wieder bergan auf die ersten Häuser des Ortes zu. Wir halten uns am oberen Rand des Weilers und orientieren uns an den roten Markierungen und den Steinpyramiden. **Guarimiar** lassen wir schnell hinter uns und gehen mehr oder weniger hangparallel weiter. In einer kleinen Talmulde bei einer Palmengruppe zweigt rechts ein Pfad ab, den wir unbeachtet lassen. In dem Seitental steht am Weg ein einsames Haus, hinter dem wir ein ausgetrocknetes Bachbett queren und auf eine Gabelung treffen. Die roten Punkte führen nun aufwärts, wir aber halten uns links und laufen hangparallel weiter, indem wir schmalere Pfade, die hier und da abzweigen, nicht beachten. Nach etwa 3 Std. liegt querab auf der anderen Seite des Barrancos der Weiler El Cabezo. Man bleibt an der rechten Talflanke, läuft durch einen Palmenhain und quert bei zwei Häusern ein ausgetrocknetes Bachbett, an dem man den kleinen Steinpyramiden geradeaus weiter folgt. Noch ein Stück laufen wir fast hangparallel und dann auf den ersten **Bauernhof** von **Rumbazo** zu. Oberhalb des Hauses zweigt bei einem Hühnerstall links ein Weg ab, den wir nicht beachten. Bei weiteren Häusern erreichen wir eine schmale Straße, die uns in einer scharfen Kurve bergab und über eine Brücke auf die **Hauptstraße** führt (3.30 Std.). Auf dieser gelangt man, sich talabwärts haltend, nach **Playa de Santiago** (4 Std. 30 Min.).

Zum Katzenrücken

Von Taco nach Lo del Gato

Subtropische Plantagen begleiten den Beginn des Wegs. Dann geht es durch eindrucksvoll karge Landschaften erst zum sehr ursprünglichen Ort Lo del Gato und auf einsamen Pfaden zurück nach Taco.

DIE WANDERUNG IN KÜRZE

++
Anspruch

Charakter: Gepflasterter Saumpfad bis Lo del Gato, danach schmaler, teils etwas zugewachsener Bergpfad

3.30 Std.
Gehzeit

Einkehrmöglichkeiten: Keine

400 m
An-/Abstieg

Anfahrt: Mit dem Pkw: Auf der Carretera del Sur nach Santiago. Dort vom Ortsteil Laguna de Santiago (unmittelbar östlich des Straßen-

tunnels) talaufwärts entlang des Barranco de Santiago bis zum Beginn des Weilers Taco fahren (ca. 4 km ab Santiago). Begrenzte Parkmöglichkeiten in der Nähe der Straßengabelung vor dem Ortsschild von Taco.

Mit dem Bus: Linie 2 von San Sebastián bis Laguna de Santiago. Von dort 4 km zu Fuß bis zum Ausgangspunkt (s. o.)

Ausgangspunkt ist die Straßengabelung vor dem **Ortsschild von Taco**. Wir folgen zu Fuß der Straße, die rechts aufwärts Richtung Pastrana führt. Links können wir den Blick in das idyllische, mit Gemüse- und Obstkulturen bepflanzte Tal des Barranco de Guarimiar mit dem winzigen Weiler El Rumbazo genießen. Bald teilt sich das Tal. Auf dem Sporn zwischen den beiden Barrancos sehen wir die wenigen Häuser des Weilers El Cabezo, an denen wir auf dem

Rückweg vorbeikommen werden. Die Straße, auf der wir uns befinden, führt nun in den Barranco de Benchijigua hinein. Nach 10 Min. erreichen wir die ersten Häuser von **Pastrana**. Wir laufen durch den Ort bis zum Straßenende (30 Min.), gehen links neben dem Wendeplatz einige Stufen hinunter und wandern dann geradeaus auf einem Betonweg weiter. Der Weg verläßt bald den Ort und führt nun ohne Betondecke weiter in das Tal hinein, vorbei

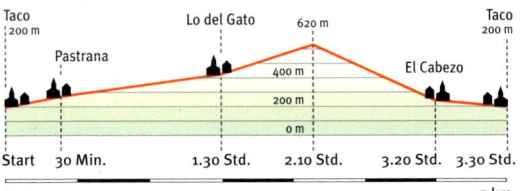

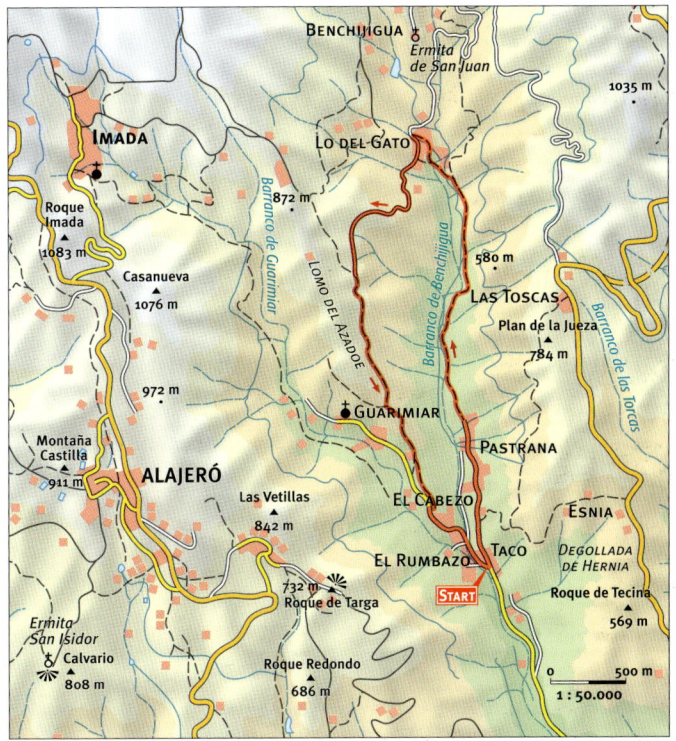

an Terrassengärten, in denen außer Gemüse auch Bananen, Orangen, Papayas und Loquats gedeihen. Wir überqueren einen schmalen Wasserkanal und stehen kurz darauf im mit grobem Geröll übersäten, ausgetrockneten **Bachbett des Barrancos.** Im Talgrund gehen wir aufwärts, wobei uns dicke rote Pfeile den Weg durch das etwas unübersichtliche Gelände weisen. Sobald wir voraus ein rundes, betoniertes Wasserbecken erblicken, müssen wir rechts auf einen **isolierten dunklen Felsen** am Rand des Talgrunds achten. Dort verlassen wir das Bachbett und finden den hier sorgfältig gepflasterten Saumpfad wieder. Dieser passiert das große Wasserbecken und ein zweites, kleineres, oberhalb angrenzendes (45 Min.). An der Talflanke ansteigend gewinnt unser Weg rasch an Höhe, um später dann etwa hangparallel auf den nun schon sichtbaren Ort Lo del Gato (»Katzenrücken«) zuzuführen. Nach 1.10 Std. gabelt sich der Weg. Der rechte Abzweig führt nach Benchijigua weiter. Wir aber gehen links abwärts. An einer **weiteren Gabelung** vor einer Palmengruppe halten wir uns wiederum links bergab und queren ein Opuntienfeld. Kurz darauf durchschreiten wir das Barranco-Bett, finden direkt gegenüber den gepflasterten Saumpfad wieder und steigen auf ihm zwischen Terrassenfeldern steil bergauf. Vor einem Haus, an dessen vorderer Ecke eine Straßenlaterne angebracht ist, gilt es, rechter Hand auf eine Abzweigung zu achten. (Läuft man hier versehentlich geradeaus weiter, gelangt man hinter dem Haus an eine hohe Mauer, vor der sich der Weg gabelt. Hier nicht weitergehen!) Man zweigt also vor dem Haus rechts ab, läuft am benachbarten, aus Naturstein gemauerten Haus vorbei, biegt hinter diesem links ab und hält sich vor dem nächsten Haus rechts. Hinter diesem Haus knickt der Weg an einem großen Felsblock links ab und gabelt sich kurz darauf vor einem Opuntienfeld. Wir steigen nun aufwärts, wo wir eine Betonmauer und eine Straßenlaterne sehen.

Nach 1.30 Std. erreichen wir das Ende der Piste, die von Benchijigua kommend nach Lo del Gato führt. An der linken Seite des Pistenendes beginnt ein gepflasterter Saumpfad, dem wir nun folgen, wobei wir uns an einer Reihe von Straßenlaternen orientieren können. Er führt oberhalb der Häuser von **Lo del Gato** entlang. Hinter der letzten Straßenlaterne (direkt oberhalb von uns befindet sich ein gemauertes Wasserbecken) gabelt sich der Weg. Wir gehen rechts auf einem Trampelpfad und verlassen nun den Ort. An einer mit Steinen abgedeckten Wasserleitung entlang gelangen wir zu einem weiteren Wasserbecken, wo sich der Pfad gabelt. Hier gehen wir nicht links in den Grund des kleinen Barrancos hinunter, sondern laufen am Rand des Tals, einer Rohrleitung folgend, auf einer undeutlichen Trittspur aufwärts. Vor einem Erlengebüsch queren wir etwa 30 m oberhalb des Wasserbeckens den Talgrund und finden auf der anderen Seite einen steinigen Pfad, der uns steil aufwärts führt. Zu Beginn ist die

Aufstiegsroute kaum zu verfehlen. Doch schon bald verschlechtert sich der Zustand des Weges zunehmend. (Der weitere Weg ist daher nur orientierungssicheren Wanderern zu empfehlen. Alle anderen sollten über Lo del Gato auf dem schon vom Hinweg bekannten Saumpfad nach Taco zurückkehren.) Man steigt nun immer steiler aufwärts, teilweise über nackten Fels, an anderen Stellen ist dann der Weg wieder deutlich zu erkennen. Als grobe Orientierungshilfe dient die linke Hangkante, oberhalb derer wir uns halten. Nach 1.50 Std. erreichen wir einen **ersten Felssporn**. Von hier aus führt der nun wieder deutlich auszumachende Pfad zu einem weiteren Felsvorsprung, hält sich dort rechts aufwärts über rötliche Tuffgesteinsbänke und gabelt sich hinter der nächsten Biegung, wo eine palmenbestandene Talmulde in Sicht kommt. Wir halten uns rechts und laufen nach etwa 50 m zwischen einer einzeln stehenden Palme zur Linken und einer dunklen Felswand zur Rechten hindurch. Auf der gegenüberliegenden Talseite sehen wir schräg voraus eine höhere, ebenfalls dunkle Felswand, deren obere Kante unser nächstes Ziel darstellt. Der Pfad hält zunächst sanft, dann steiler ansteigend auf den unteren Rand einer größeren Palmengruppe im oberen Teilbereich zu. Danach geht es hinauf zu dem **kleinen Plateau** oberhalb der Felswand (2.10 Std.). Etwa parallel zum Hang laufen wir dort weiter. Nach links können wir vorübergehend tief hinab in den Talgrund des Barranco de Benchijigua schauen. Unterhalb einer weiteren Felswand treffen wir auf einen breiteren Saumpfad, der seitlich durch eine Mauer abgestützt ist und von rechts herunterkommt. Wir ge-

Auf dem Weg von Lo del Gato nach El Cabezo

hen links auf ihm weiter. Auch dieser Weg wird bald schmaler, bleibt aber gut erkennbar. Am Hang entlang steigt er sanft abwärts.

Auf einem **ockerfarbenen Tuffgesteinsband** könnte nach 2.40 Std. die Orientierung schwerfallen. Der Weg knickt, durch ein Steinmännchen markiert, im spitzen Winkel links ab, um schon nach einigen Metern wieder nach rechts umzubiegen. Wenig später beschreibt er eine weitere, noch engere Serpentine, in der die alte Pflasterdecke noch gut erhalten ist. Dann geht es wieder schräg zum Hang weiter. Links unten kommt der kleine Ort Pastrana in Sicht, durch den wir auf dem Hinweg gelaufen sind. Dort, wo die Felswand endet, die uns in einiger Entfernung rechts oben längere Zeit begleitet hatte, treffen wir auf **verwilderte Terrassenfelder.** Wenige Meter vor zwei niedrigen Palmen biegt der Saumpfad nach links ab. Etwa 15 m weiter, an einer schmalen Wasserrohrleitung, zweigt in einer Rechtskurve links ein schon recht zugewachsener, aber durch eine Mauer abgestützter Pfad ab, den wir nicht beachten. Wir halten uns rechts und gelangen zu einem **Felskamm**

(3 Std.), von dem wir nun auch in den Barranco de Guarimiar hinabschauen können. Den Kamm zur Linken geht es weiter bergab. Am Ende der Felswand biegt der Weg nach rechts um und gabelt sich kurz darauf. Wir ignorieren den rechten Abzweig, der an einer Wasserrohrleitung entlangführt, und gehen links abwärts. Der Weg verläuft nun schräg zum Hang talabwärts. Rechts von uns sehen wir rückblickend den Weiler Guarimiar. Voraus erkennen wir in einer Straßenkurve schon die ersten Häuser von **El Cabezo.** Unser Weg nähert sich allmählich der Straße, die von El Cabezo nach Guarimiar führt. Nach 3.20 Std. stehen wir vor dem ersten Haus des Ortes an einer Straße. Ihr folgen wir nach rechts und gelangen kurz darauf an die Hauptstraße, auf der wir uns links wenden. Kurz hinter einem Trafohaus gehen wir über eine Brücke. Dahinter biegt die Straße nach rechts ab und ist von nun an breiter. Wir passieren die Abzweigung nach Rumbazo und halten uns weiter geradeaus. Nach 3.30 Std. ist unser Ausgangspunkt, die Straßengabelung am **Ortsrand von Taco,** wieder erreicht.

Tour 6

Details am Wegrand

Vom Drachenbaum zum Kalvarienberg bei Alajeró

Zu Beginn führt ein Abstecher zum einzigen Drachenbaum Gomeras. Das ländliche Zentrum Alajeró und der nahegelegene Kalvarienberg mit seiner hübschen Kapelle sind weitere Anlaufpunkte dieser Wanderung.

DIE WANDERUNG IN KÜRZE

+
Anspruch

Charakter: Teils gut begehbare Pflasterwege, teils wenig befahrene Pisten und Straßen

3 Std.
Gehzeit

Einkehrmöglichkeiten: Bar »Flor de Venezuela« in Alajeró

500 m
An-/Abstieg

Anfahrt: Mit dem Pkw: Auf der Carretera Dorsal (Höhenstraße) bis zur Gabelung Pajarito. Dort Richtung Süden nach Alajeró abzweigen. Nach ca. 1,5 km an der Gabelung Las Paredes links halten Richtung Alajeró. Ausgangspunkt ist die Abzweigung der Nebenstraße nach Imada oberhalb von Alajeró. Dort kann man den Wagen parken. **Mit dem Bus:** Unregelmäßige Verbindungen von Santiago zum Cruce de Imada (vor Ort erkundigen)

Gegenüber der **Abzweigung der Nebenstraße nach Imada** befindet sich an der Hauptstraße eine Aussichtsterrasse. Von dort führt eine Treppe hinunter zu einem alten, teilweise noch gepflasterten und von Mauern begrenzten Saumpfad, dem wir nach links folgen, an einer Palmenreihe entlang. Nach 5 Min. treffen wir auf einen asphaltierten Fahrweg, auf dem wir rechts gehen (Geradeaus führt der Saumpfad weiter Richtung Alajeró. Wir merken uns diesen Einstieg, denn wir werden nach dem Besuch des Drachenbaums hierher zurückkehren.). Kurz darauf erreichen wir die wenigen Häuser des **Weilers Agalán.** Kurz bevor die Asphaltdecke des Fahrwegs endet (ein Schild weist hier auf Privatgelände hin, das nicht betreten werden darf), zweigt rechts der beschilderte »Ca-

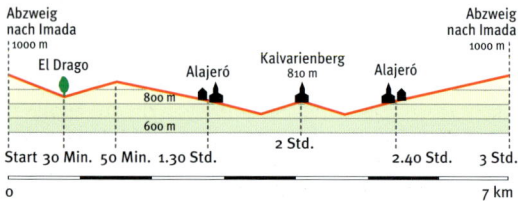

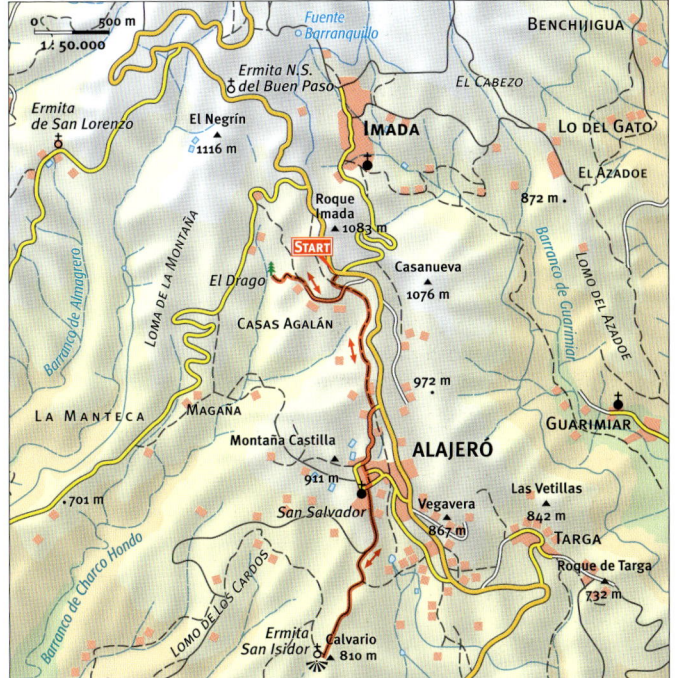

mino de El Drago« unmittelbar vor einem **Bauernhaus** ab (10 Min.). Gleich hinter dem Bauernhof treffen wir wieder auf den nun nicht mehr asphaltierten Fahrweg und folgen diesem nach rechts, bis wir kurz vor dessen Ende (nach ca. 150 m) auf einen gepflasterten **Querweg** stoßen. Auf diesem gehen wir links abwärts. Er gabelt sich wenig später. Hier können wir rechts einen kurzen Abstecher zu einer **Aussichtsterrasse** machen, von wo wir den Drachenbaum, der im Barranco unter uns steht, bereits von oben erblicken können. Anschließend kehren wir zur Gabelung zurück und setzen unseren Weg auf dem Abzweig fort, der links bergab führt. Auf dem sorgfältig angelegten Camino erreichen wir nach insgesamt 30 Min. den **Drago**, ein

stattliches Exemplar. Es handelt sich um den einzigen wildwachsenden Drachenbaum Gomeras. Zum Schutz wurde er von einem Zaun umgeben, so daß man nicht direkt an ihn herantreten kann. Man kann ihn aber von einer Aussichtsplattform aus unmittelbarer Nähe betrachten. Wir steigen zurück zum Fahrweg und laufen auf diesem bis zu der Stelle, wo wir auf dem Hinweg den Saumpfad verlassen hatten, der vom Ausgangspunkt der Wanderung hinab nach Alajeró führt. Auf diesem wenden wir uns nun abwärts. Mit sanftem Gefälle geht es unterhalb einer betonierten Wasserleitung entlang, vorbei an aufgelassenen Terrassenfeldern. Nach ca. 1.15 Std. stehen wir an der Hauptstraße, wo wir gleich rechts in eine Nebenstraße zum

Ortskern von **Alajeró** einbiegen. Unser nächstes Ziel, den Kalvarienberg mit der Ermita San Isidor, sehen wir bald schon weit voraus auf einer unterhalb des Dorfes gelegenen Anhöhe. Wir erreichen einen hübschen Dorfplatz mit schattenspendenden Bäumen und Sitzbänken, der zu einer Rast einlädt. Schon links vor dem Platz zweigt eine breite Treppe ab, auf der wir anschließend hinuntergehen bis zu einer Gabelung. Rechts haltend gelangen wir kurz darauf auf einen Parkplatz. Wir sehen rechts das Rathaus (Ayuntamiento) von Alajeró und gehen links daran vorbei zur kleinen **Kirche** des Ortes (1.30 Std.). Sie ist meist verschlossen, lohnt aber einen Besuch wegen ihrer ungewöhnlichen, dunklen Natursteinfront mit dem Zwillingsglockengiebel im Barockstil. Schön ist auch der Kirchenvorplatz, von dem aus man wiederum den Blick auf den Kalvarienberg südlich des Ortes genießen kann. Wir gehen dann, von der Vorderfront der Kirche aus gesehen, rechts an dieser vorbei und treffen bei der Bar »Flor de Venezuela« wieder auf eine Straße. Auf ihr gehen wir bergab und halten uns gleich darauf an einer Gabelung links. An einem Fußballfeld gabelt sich die Straße erneut, wir gehen rechts. Nun laufen wir stets geradeaus und verlassen bald den Ort. Wenig später gelangen wir an eine weitere Gabelung. Eine Piste, die hier rechts abzweigt, ignorieren wir. Statt dessen gehen wir auf einem asphaltierten Fahrweg links. Wir queren eine Reihe aufgelassener Terrassenfelder. Dann knickt die Asphaltstraße recht abrupt nach links ab. An dieser Stelle laufen wir geradeaus auf einem steinigen Fahrweg weiter. Wir gelangen zu einem Wendeplatz am Fuß des Kalvarienbergs, wo ein recht neu angelegter Pflasterweg beginnt, auf dem wir zum **Gipfel des Kalvarienbergs** hinaufsteigen (2 Std.). Hier erhebt sich die kleine, hübsche **Ermita San Isidro,** neben der sich ein Picknickplatz befindet. Auf demselben Weg treten wir anschließend den Rückmarsch an, laufen durch das Zentrum von **Alajeró** und vom oberen Ortsrand auf dem alten Saumpfad zurück zum **Ausgangspunkt** (3 Std.).

Ermita San Isidro (Alajeró)

Abstieg nach Norden

Vom Alto de Contadero nach El Cedro

Steil bergab windet sich der Weg durch dichten Lorbeerdschungel. Etappenziele sind die romantische Waldkapelle der Jungfrau von Lourdes und der entlegene Weiler El Cedro. Abenteuer verspricht eine Tunneldurchquerung.

DIE WANDERUNG IN KÜRZE

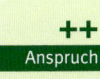

++
Anspruch

4.30 Std.
Gehzeit

600 m
An-/Abstieg

Charakter: Teilweise steiler An- und Abstieg auf bei Nässe rutschigen Pfaden, teils breite Forst- und Landwirtschaftswege; Durchquerung eines 500 m langen Wasserstollens

Ausrüstung: Für die Durchquerung des Wasserstollens ist eine Taschenlampe unbedingt erforderlich!

Einkehrmöglichkeiten: Bar Casa Prudencio und Bar/Restaurant La Vista in El Cedro

Anfahrt: Mit dem Pkw: Auf der Carretera Dorsal bis zum Wanderparkplatz Alto de Contadero. **Mit dem Bus:** Von San Sebastián bzw. Valle Gran Rey mit Linie 1 bis zur Straßengabelung Pajarito. Von dort auf der Carretera Dorsal (Höhenstraße) in nordwestlicher Richtung bis zum Alto de Contadero (ca. 20 Min.)

Wir folgen dem **Waldweg,** der direkt am **Parkplatz Alto de Contadero** neben einer Informationstafel in nördlicher Richtung abzweigt. Im Schatten von Lorbeerbäumen und Baumheide geht es auf sorgfältig angelegten Stufen recht zügig bergab. Vorsicht ist allerdings bei Nässe geboten. Dann besteht auf dem lehmigen Untergrund Rutschgefahr! Nach 15 Min. durchschreiten wir ein schmales, feuchtes Bachbett, in dem sich große, rundgeschliffene, dicht mit Moos überwucherte Felsbrocken türmen, in dem jedoch nur in Ausnahmefällen Wasser fließt. Auf der anderen Talseite führt der Weg – nun mit vermindertem Gefälle und zwi-schenzeitlich sogar leicht ansteigend – weiter. Immer dichter wird der uns umgebende Lorbeerwald. Kaum ein Sonnenstrahl dringt bis zum Waldboden. Nur vorübergehend laufen wir dann durch offeneres mannshohes Baumheidegebüsch, um bald wieder in den Lorbeerwald einzutreten. Weiter geht es stetig bergab. Nach einer halben Stunde wird ein weiterer, winzig schmaler **Taleinschnitt** gequert. Wenig später erblicken wir eine etwas größere Talmulde, an deren rechter Flanke wir bergab laufen. Bald hören wir das Rauschen des Cedro-Baches und sehen diesen kurz darauf rechts von uns. Wir können ein paar Schritte zu einem von Holzzäunen umgebenen Aussichtspunkt hinuntergehen, um den Blick auf den einzigen ganzjährig wasserführenden Bach Gomeras zu genießen. Dann steigen wir zum Weg zurück und halten uns auf diesem weiter bergab. Der von nun an breitere und bequemere Waldweg folgt in einiger Entfernung dem linken Ufer des Baches. Nach 45 Min. treffen wir auf eine **Holztafel** mit der Aufschrift »Campamento Antiguo«. Wir befinden uns am Rand eines ehemaligen Zeltgeländes, doch die einstige Lichtung ist mittlerweile mit Brombeergebüsch zugewuchert. Wir gehen geradeaus weiter und treffen nach etwa 20 m auf eine durch Steinmännchen markierte Gabelung, wo wir rechts weitergehen. Der nach links führende Weg ist ohnehin durch querliegende Äste (die allerdings manchmal niedergetrampelt sind) von der Nationalparkverwaltung für den öffentlichen Gebrauch gesperrt worden. Er führt lediglich zu einem Niederschlagsmeßbehälter.

Wir gehen also rechts und kommen dort kurz darauf an eine weitere, mit Hinweistafeln versehene Gabelung. Hier bieten sich uns zwei Alternativrouten an, die später wieder zusammenführen. Schöner ist es, rechts zu gehen, der Beschilderung Richtung »Arroyo de El Cedro« folgend. Der Weg scheint kurz darauf

an einer Geländekante zu enden, doch bei genauerem Hinsehen entdecken wir dort den weiteren Routenverlauf, der in einer engen Serpentine hinab zum Talgrund des **Cedro-Baches** führt (50 Min.). Wir queren den Wasserlauf unterhalb einer kleinen Staumauer auf großen, abgeschliffenen Felsblöcken (Vorsicht, Rutschgefahr!). Auf der gegenüberliegenden Seite geht es weiter talabwärts. Knapp zehn Minuten später überqueren wir den Bach abermals, diesmal auf einer kleinen **Holzbrücke.** Kurz darauf treffen wir auf einen breiteren Weg (1 Std.). Auf diesem gehen wir rechts hinab, immer noch dem Ufer des Cedro-Baches folgend. Im Bogen führt uns der Weg in zwei Minuten zu einer Forstpiste mit dem kleinen **Waldparkplatz Las Mimbreras**.

Auf dem Rückweg werden wir hier später von rechts kommen, doch zunächst einmal halten wir uns links. Der Weg steigt nun sanft bergan. Im weiteren Verlauf kommen zur Rechten zwischen den Baumwipfeln die ersten Häuser von El Cedro auf der gegenüberliegenden Talseite in Sicht. In einer deutlichen Linkskurve sehen wir nach 1.40 Std. eine Hinweistafel, die nach rechts zum »Caserío de El Cedro« zeigt.

Hier verlassen wir die Forstpiste und folgen einem Wanderweg durch Baumheidewald. Dieser gabelt sich schon nach etwa 30 m. Wenn wir

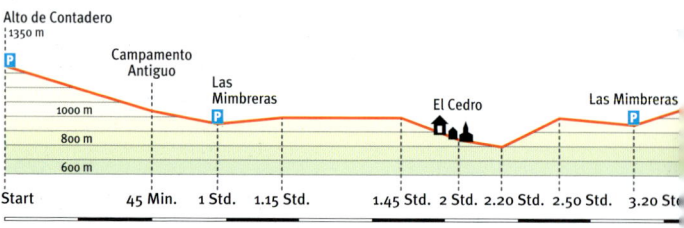

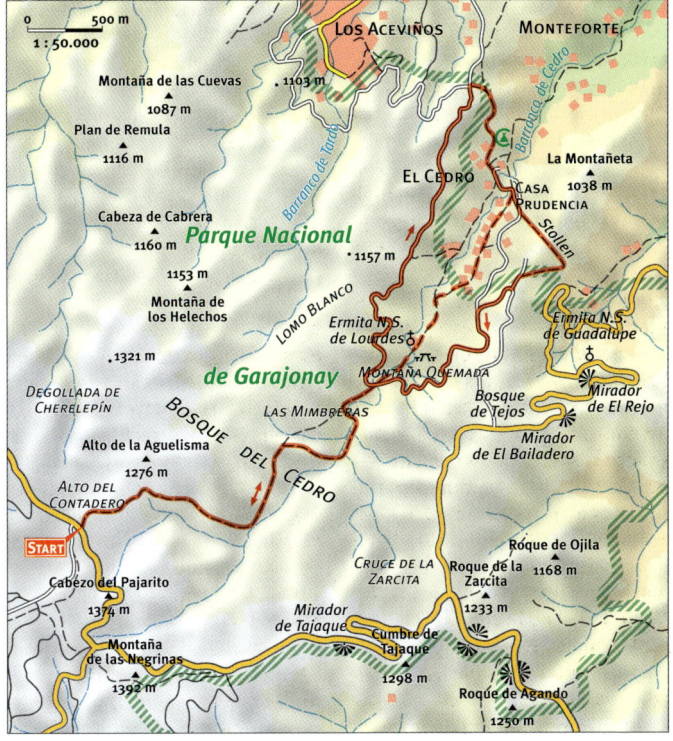

hier links gehen, kommen wir kurz darauf zu einem Aussichtspunkt, wo wir den Nordabhang Gomeras überblicken und voraus auf einem Bergrücken das Informationszentrum des Nationalparks, »Juego de Bolas«, sehen. Wir gehen die wenigen Meter bis zur Gabelung wieder zurück und folgen nun dem rechten

Abzweig, der steil bergab führt. Dieser trifft bald darauf auf einen etwas breiteren Waldweg, auf dem wir rechts (!) gehen. (Links würden wir nach wenigen Metern zu einer Forstpiste kommen, die abwärts nach Los Aceviños führt (vgl. Tour 22). Zunächst mehr oder weniger hangparallel geht es wiederum durch lichten Lorbeerwald. Einen wenig später im spitzen Winkel von rechts oben hinzutretenden Pfad beachten wir nicht, sondern laufen geradeaus, über Felsstufen hinab, weiter. Nun dauert es nicht mehr lange, bis der Wald sich ein wenig lichtet und wir auf den gegenüberliegenden, stark zerfurchten Bergrücken blicken können, hinter dem wir bei guter Sicht die Nachbarinsel Teneriffa erkennen. Nach weiterem, vorübergehend recht steilem Abstieg erreichen wir einen ehemaligen **Dreschplatz**, der noch an der recht gut erhaltenen kreisrunden Pflasterung zu erkennen ist, und stehen einige Meter weiter auf einem **Fahrweg** (2 Std.). Auf diesem gehen wir links, also abwärts. Nach weiteren fünf Minuten treffen wir auf das Restaurant La Vista, zu dem ein kleiner Campingplatz gehört. Hier lohnt es sich, eine Rast einzulegen und von der Terrasse vor dem Lokal die Sicht auf das idyllische Tal von El Cedro zu genießen.

Anschließend folgen wir der Piste vor dem Restaurant weiter. Sie führt im Bogen durch ein Seitental und dann hinab zum Grund des **Cedro-Tales**. Dort verlassen wir den Fahrweg, unmittelbar bevor dieser den Bach überquert, zur Linken und überschreiten kurz darauf den Wasserlauf auf einer schmalen **Steinbrücke**. Am gegenüberliegenden Ufer führt links ein Weg hinauf zur nahegelegenen Casa Prudencia, die sich ebenfalls zur Einkehr empfiehlt. Unsere Route führt jedoch von der Brücke aus geradeaus. Ein Teil des Wassers aus dem Cedro-Bach, das weiter oben abgeleitet wird, sprudelt hier aus einer Betonröhre in eine Rinne. Diese führt in einen Tunnel hinein. In diesen **Tunnel** treten wir nun ein. Nachdem wir etwa 500 m durch den Wasserstollen gelaufen sind, gelangen wir im oberen Bereich des **Tals von El Rejo** etwa 10 Min. später wieder ans Tageslicht. Parallel zur Wasserleitung folgen wir einem breiten Weg abwärts. Ein kleiner Wasserfall, der sich aus dem uns schon bekannten Kanal speist, ist auf einer schmalen Brücke zu queren. Etwa 30 m weiter zweigt rechts

ein Treppenweg ab, den wir nun benutzen. (Geradeaus würde man nach 50 m zur Straße gelangen, die vom Cruz de la Zarcita herunterkommt. Auf ihr könnte man nach El Rejo laufen, wo man auf die Hauptstraße von Hermigua nach San Sebastián trifft. Dort verkehren Busse.) Über die Treppe gelangen wir wiederum zum Wasserkanal, der hier mit Betonplatten abgedeckt ist. Ein paar Schritte weiter passieren wir einen **kleinen Aussichtsbalkon.** Hier schauen wir zum zackigen Roque del Diablo (730 m) hinüber, der sich auf der anderen Talseite erhebt. Im Scheitelpunkt der nächsten, engen Rechtskurve zweigt links ein schmalerer Pfad ab, den wir nicht beachten. Nun geht es durch Lorbeerwald aufwärts, erst unterhalb einer Felswand, dann durch einen tiefen Hohlweg, später wieder in engen Serpentinen. Hier, und das ist an der alten Pflasterung deutlich zu erkennen, befinden wir uns auf einem ehemaligen Saumpfad. Nach 2.50 Std. stehen wir dann im Scheitelpunkt einer Kurve der Piste, die nach El Cedro hinunterführt. Auf ihr wenden wir uns bergab. Bald darauf geht es an einer Pistengabelung links und dann ohne größere Höhenunterschiede weiter, bis man auf einer Brücke den Cedro-Bach quert und gleich darauf am **Waldparkplatz Las Mimbreras** steht (3.20 Std.), den wir schon auf dem Hinweg passiert haben. Hier gehen wir wieder links hinauf, der Beschilderung El Contadero folgend. Der weitere Routenverlauf entspricht dem Hinweg. Im Zweifelsfall helfen Hinweistafeln bei der Orientierung. Nach 4.30 Std. stehen wir am **Ausgangspunkt** unserer Wanderung.

Variante: Nach stärkeren Regenfällen kann der Stollen aufgrund starker

Wasserführung unbegehbar sein. In diesem Fall bietet sich folgende Alternativroute an: Wir zweigen in **El Cedro** vor dem Bach nicht von der Piste ab, um zum Tunnel zu gehen, sondern queren den Wasserlauf und gelangen bald darauf an eine Gabelung des Fahrwegs, wo wir rechts gehen. Ein steiler Betonweg, der bald darauf links aufwärts abzweigt, führt lediglich zu einem Privathaus. Wir ignorieren ihn. Doch wenig später verlassen wir den Fahrweg, bevor dieser eine Obstplantage quert, nach links auf einem steilen lehmigen Treppenweg, der mit einem gelben »H« gekennzeichnet ist. Einige der verstreut stehenden Häuser des Weilers El Cedro passierend, die heute von ihren Besitzern meist nur noch am Wochenende genutzt werden, geht es talaufwärts. Schmale Pfade, die hier und da abzweigen, beachten wir nicht. Wir bleiben stets auf dem breiteren Hauptweg, bis wir nach 20 Min. ab Bachüberquerung am **Rand des Nationalparks Garajonay** stehen, auf den eine Tafel der Nationalparkverwaltung hinweist. Wir treten nun in den Lorbeerwald ein, der uns für den Rest der Wanderung begleiten wird. Zwei Minuten später tritt von rechts unten ein weiterer Weg im spitzen Winkel hinzu. Wir gehen aber geradeaus weiter. Kurz darauf ist die **Ermita N.S. de Lourdes** erreicht. Gleich dahinter finden wir am Ufer des Cedro-Baches einen Picknickplatz mit Tischen und Bänken. Wir folgen nun dem Weg, der am Bach entlang links aufwärts verläuft und queren den Wasserlauf auf einer Holzbrücke oberhalb des Picknickplatzes. Der hier recht breite und sorgfältig angelegte Wanderweg führt auf der anderen Talseite weiter aufwärts. Wenig später queren wir den Bach abermals auf einer Holzbrücke und steigen dann ein paar steile Stufen hinauf bis zu der Piste beim **Waldparkplatz Las Mimbreras,** wo wir von links kämen, wenn wir den Tunnel durchquert hätten. Wir gehen über den Bach hinweg und folgen nun wieder der Wanderbeschreibung im Haupttext. Diese Variante erspart ca. 30 Min. Gehzeit.

Unterwegs im Lorbeerwald

Zum Gipfel der Liebenden

Rund um den Garajonay

Von einem alten Hexentanzplatz aus steigt man hinauf zum höchsten Gipfel der Insel, dem Garajonay und kehrt durch ein schattiges, dicht mit Lorbeergewächsen bestandenes Tal dann zur Laguna Grande zurück.

DIE WANDERUNG IN KÜRZE

++
Anspruch

3 Std.
Gehzeit

250 m
An-/Abstieg

Charakter: Breite Waldwege

Einkehrmöglichkeiten: Bar/Restaurant Laguna Grande am Anfangs- bzw. Endpunkt der Wanderung (Mo geschlossen). Spezialitäten: Brunnenkressesuppe, deftige Fleischgerichte

Anfahrt: Mit dem PKW Auf der Carretera Dorsal (Höhenstraße) fährt man bis zum Waldparkplatz Laguna Grande (gegenüber der Abzweigung Richtung Las Rosas). **Mit dem Bus:** Linie 1 von San Sebastián oder Valle Gran Rey bis zur Straßengabelung Cruce de las Hayas, von dort zu Fuß auf der Carretera Dorsal (Höhenstraße) etwa 3 km in östlicher Richtung bis Laguna Grande. Alternative: Linie 1 von San Sebastián oder Valle Gran Rey bis Pajarito, wo die Straße nach Alajeró und Chipude von der Carretera Dorsal abzweigt. Von dort führt ein ausgeschilderter Forstweg in ca. 45 Gehminuten zum Garajonay, wo man in diesem Fall den Rundweg beginnen kann.

Die Wanderung beginnt am **Waldparkplatz Laguna Grande.** Wir halten zunächst auf den Waldrand zu, quer über das Picknickgelände. Hinter einem umzäunten Kinderspielplatz steht eine Steinhütte, die sich beim näheren Hinsehen als großer Backofen entpuppt. Genau dort führt ein sorgfältig angelegter, von Holzgeländern eingefaßter Weg in den Wald. Nach etwa 50 m gabelt er sich. Hier geht es links weiter, nun

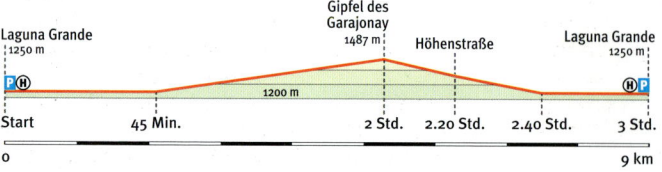

Laguna Grande
1250 m

Gipfel des
Garajonay
1487 m

Höhenstraße

Laguna Grande
1250 m

1200 m

Start   45 Min.   2 Std. 2.20 Std. 2.40 Std.   3 Std.

0   9 km

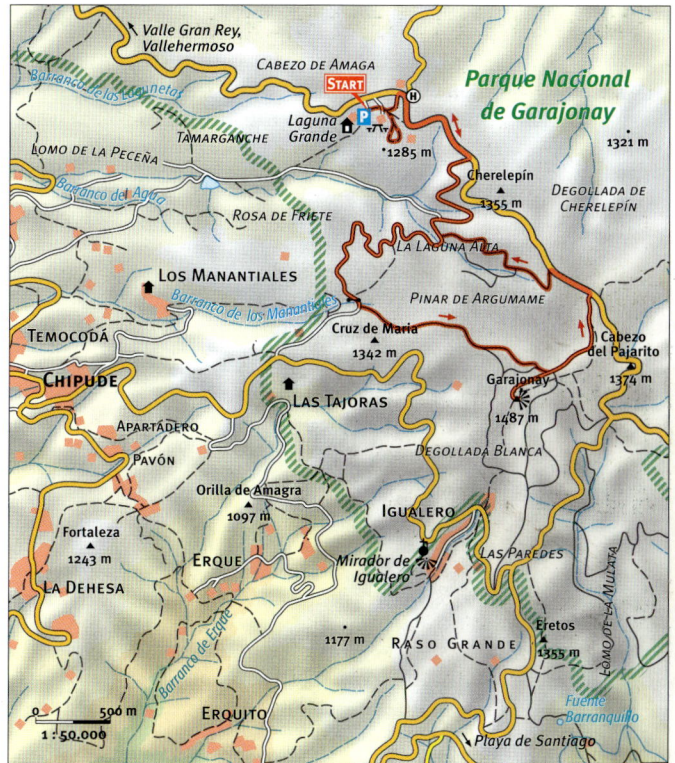

sanft bergauf. Kurz darauf zweigt rechts ein Weg ab, wir aber halten uns weiter geradeaus. Riesige moosbewachsene Exemplare der Baumheide und des Azoren-Lorbeers säumen den Weg. Im Bogen führt der Pfad zum **Picknickplatz** zurück, den wir nach 15 Min. wieder erreichen.

Nach diesem einstimmenden kurzen Abstecher in den Lorbeerwald verläßt man den Picknickplatz nach rechts, also in östlicher Richtung, auf einem breiten Fahrweg und erreicht kurz darauf genau gegenüber der Abzweigung nach Agulo **die Carretera Dorsal** (Höhenstraße), auf der man rechts geht. Nachdem man der

Straße etwa 7 Min. gefolgt ist, zweigt wiederum rechts im spitzen Winkel ein breiter Waldweg ab, auf den deutlich durch ein Schild mit der Aufschrift »Casa Forestal Las Tajoras« hingewiesen wird. Diesem folgt man nun, hohe Exemplare des Gagelbaums zu beiden Seiten, zunächst auf eine auffällige Felswand zu, den Alto de Cherelepín. Die Steilkante kommt aber schon bald wieder außer Sicht, und der Weg führt ohne nennenswerte Höhenunterschiede weiter durch offenen Buschwald. Immer wieder ergeben sich schöne Ausblicke. Aufgeregtes Vogelgezwitscher erklingt aus dem Gebüsch. Das Jagdverbot, das seit einigen Jahren im Nationalpark von Gomera herrscht, wirkt sich offenbar wohltuend auf die Fauna aus.

Nach insgesamt 40 Min. Gehzeit zweigt rechts die **»Pista Forestal Llanos de Crispín«** ab, auf die auf einer Holztafel hingewiesen wird. Wir aber halten uns links auf dem nicht beschilderten Waldweg. 5 Min. später ist abermals eine Gabelung erreicht, wo uns ein **Schild** nach rechts den Weg Richtung »Las Tajoras-Garajonay« weist. In Windungen geht es nun längere Zeit sanft bergauf. Nach einer guten Stunde erblickt man rechts einen Stausee und dahinter die Steilwände des Valle Gran Rey. In einer Linkskurve zweigt ein schon sehr zugewachsener Weg nach rechts ab (1.15 Std.), den wir nicht beachten. Jetzt ist es nicht mehr weit bis zu einer **Weggabelung,** wo es links Richtung Alto de Garajonay geht. Der Waldweg ist durch eine Kette für den Autoverkehr gesperrt. Schon 50 m weiter geht es dann rechts hinauf. (Der Weg geradeaus führt in den hohen Kiefernwald Pinar de Argumame.)

Das Etappenziel, den Garajonay (1486 m), sieht man bei dem nun folgenden Anstieg schon genau voraus, kenntlich an den Sendemasten auf dem Gipfel. Streckenweise geht es jetzt recht steil bergan. Man sollte sich unterwegs eine Erholungspause gönnen und den Ausblick auf die Fortaleza de Chipude, den auffälligen Tafelberg zur Rechten, genießen. Nach 1 Std. 40 Min. zweigt rechts ein Weg ab, wir aber gehen weiter geradeaus bergauf. 10 Min. später kommt bei klarer Sicht voraus die Nachbarinsel Teneriffa mit dem Teide in Sicht. Gleich darauf ist eine

Weggabelung erreicht, wo rechts ein Schild Richtung »Pajarito« weist. Man hält sich aber links und erreicht nach 150 m eine weitere Gabelung, wo es rechts zum »Alto de Garajonay« geht. Nach Passieren einer Holztafel bleibt man auf dem linken, breiten Weg und steht kurz darauf, nach insgesamt 2 Std. Gehzeit, auf dem **Gipfel des Garajonay.** Von der dortigen Aussichtsterrasse genießt man einen hervorragenden Rundumblick und kann, je nach Wetterverhältnissen, bis zu vier Nachbarinseln ausmachen (Teneriffa, Gran Canaria, La Palma, Hierro).

Auf dem Rückweg folgen wir zunächst wieder der breiten Piste, die den Nordabhang des Garajonay hinunterführt. An der **ersten Gabelung** gehen wir diesmal rechts und laufen durch offenes Gelände nun zügig, aber nicht allzu steil bergab zur **Höhenstraße** (2.20 Std.). Der Straße folgen wir für kurze Zeit nach links,

Auf dem Weg nach Laguna Grande

also Richtung Westen. Schon 5 Min. später verlassen wir sie wieder auf einem lauschigen Waldweg, der linker Hand in Serpentinen recht steil in einen feuchten, dicht mit Baumheide und Gagelbaum bewachsenen Talgrund hinunterführt. (Vorsicht: Bei Regenwetter kann der Lehmweg rutschig sein!) Zwei Abzweigungen nach links lassen wir unbeachtet.

Hier trifft man auf eine **breitere Piste,** die bereits vom Hinweg bekannt ist (2.40 Std.) und wendet sich nach rechts, der Beschilderung »Pista Forestal a Llanos de Crispín – Laguna Grande« folgend. Nach 3 Std. ist der **Ausgangspunkt am Waldparkplatz** wieder erreicht.

El Garajonay

Eine ergreifende Legende rankt sich um den Berg Garajonay. In vorspanischer Zeit soll ein junger Mann namens Jonay auf einem Floß aus aufgeblasenen Ziegenhäuten von Teneriffa herübergekommen sein. Auf Gomera verliebte er sich in die schöne Häuptlingstochter Gara, deren Eltern aber die Heirat mit dem einfachen Bauernsohn nicht erlaubten. Dennoch nahm Jonay täglich die stundenlange Seefahrt zwischen den beiden Inseln auf sich, um seine Geliebte heimlich zu sehen. Die Romanze zwischen Gara und Jonay endete ebenso tragisch wie die Geschichte von Romeo und Julia. Bei einem ihrer Treffen wurden die Liebenden entdeckt und flohen auf den höchsten Gipfel der Insel. Da sie lieber sterben wollten, als getrennt weiterzuleben, spitzten Gara und Jonay einen Lorbeerast von beiden Seiten zu und durchbohrten sich damit gegenseitig. Man fand die Leichen eng umschlungen. Der Berg aber trägt seither den Namen des unglücklichen Paares.

Tour 9

Ein Waldweg zum Durchatmen

Durch den Lorbeerwald von Las Creces

Quer durch den Nationalpark geht es im Lorbeerwald auf breiten Waldwegen zum Bergbauerndorf Las Hayas mit seinen Terrassenfeldern und dem weiten Blick über den Südwesten Gomeras.

DIE WANDERUNG IN KÜRZE

+
Anspruch

2 Std.
Gehzeit

100 m
An-/Abstieg

Charakter: Breiter Waldweg, streckenweise neu angelegter Pfad

Einkehrmöglichkeiten: Bar La Montaña und Bar Victoria in Las Hayas

Anfahrt: Mit dem PKW: Über die Carretera Dorsal (Höhenstraße) bis zu einer kleinen Parkbucht, wo ein Schild Richtung »Las Creces« weist (zwischen den Gabelungen Apartacaminos und Cruz de Las Hayas gelegen). **Mit dem Bus:** Linie 1 von San Sebastián oder Valle Gran Rey bis Cruce de la Hayas, von dort auf der Carretera Dorsal (Höhenstraße) in westlicher Richtung ca. 1 km zu Fuß

An der Carretera Dorsal (Höhenstraße) befindet sich zwischen den Gabelungen Apartacaminos und Cruz de Las Hayas eine kleine Parkbucht. Ein mit »Las Creces« beschilderter Forstweg führt in südwestlicher Richtung in schattigen Lorbeerwald, durch den es sanft abwärts geht. Veilchen bilden auf dem Waldboden blaue Farbtupfer, ansonsten sorgen knorrige Exemplare des Azoren-Lorbeers, Baumheide und Farnwedel für viel Grün. Die Heide wächst hier in wahrhaft gigantischen Ausmaßen und erreicht Höhen bis zu 20

Metern. Nach 15 Min. öffnet sich eine **Lichtung,** auf der ein schöner Picknickplatz mit Sitzgelegenheiten und Grillstelle angelegt wurde. Hier biegen wir rechts um die Kurve und gehen auf dem breiten Waldweg weiter, der von nun an für Fahrzeuge durch eine Kette versperrt ist.

An der linken Seite eines dichtbewachsenen Taleinschnitts führt der Weg sanft bergan. In Windungen folgt er dann längere Zeit ohne größere Höhenunterschiede einem durch flache Talmulden gegliederten Hang. Im Frühjahr findet man am

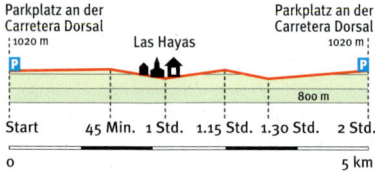

Parkplatz an der Carretera Dorsal 1020 m	Las Hayas			Parkplatz an der Carretera Dorsal 1020 m

800 m

| Start | 45 Min. | 1 Std. | 1.15 Std. | 1.30 Std. | 2 Std. |

0   5 km

Wegrand die violetten Blüten des Kanaren-Storchschnabels und mit etwas Glück auch den Zweiblättrigen Grünstendel, eine unscheinbar blühende Orchidee mit herzförmigen Blättern.

Nach 40 Gehminuten zweigt rechts ein Pfad in den Baumheidewald hinein ab, den wir nicht beachten. Der Wald wird merklich trockener, je weiter wir uns der Südseite der Insel nähern – die Baumheide hat die Lorbeergewächse inzwischen fast völlig abgelöst.

Kurz bevor der Lorbeerwald endet und rechts ein breiter, mit Ästen verbarrikadierter Weg abzweigt, kommen wir zu einigen **Hinweistafeln** (0.45 Std.). Rechts markiert ein Holzpflock mit der Nr. 11 einen talabwärts abzweigenden Pfad, den wir uns für den Rückweg merken. Zunächst aber verlassen wir den Hauptweg nach links auf einem mit »Las Hayas« beschilderten Pfad. Die Trittspur windet sich zunächst durch urwüchsigen Lorbeerwald, um dann an dessen Rand mehr oder weniger höhenparallel weiterzuverlaufen. Hier ergeben sich schon erste Ausblicke auf die mit roten Ziegeln gedeckten Häuser von Las Hayas mit Terrassenfeldern und Palmenpflanzungen im Vordergrund.

Schließlich tritt unser Weg völlig aus dem Wald heraus und eine Tafel bedeutet uns, daß wir die **Grenze des Nationalparks Garajonay** erreicht haben. Kurz darauf gelangen wir zu der kleinen, am oberen Ortsrand befindlichen Kirche von **Las Hayas** und halten uns vor dieser auf einem breiten Weg rechts abwärts. Auf diesem gelangen wir, nun stets geradeaus, zur **Hauptstraße** (1 Std.), wo wir uns bergab halten und hinter der nächsten Kurve linker Hand auf die Bar **La Montaña** treffen. Eine Al-

ternative für Selbstverpfleger ist der Picknickplatz mit Tischen und Bänken vor der Kirche, wo es sogar eine Wasserstelle gibt. Von hier aus genießt man einen wunderschönen Blick über den Ort, dessen Häuser weit über ein mit zahlreichen Palmen bestandenes Tal verstreut sind. (Man kann die Wanderung auch in Las Hayas beginnen. In diesem Fall folgt man in der Straßenkurve oberhalb der Bar La Montaña dem mit »Las Creces« beschilderten Weg steil bergauf an einer Garage vorbei und dann stets geradeaus bis zur Kirche. Oberhalb der Kirche schlägt man den schmalen Wanderweg ein, der dort links abzweigt.)

Für die Rückkehr schlägt man zunächst die schon vom Hinweg bekannte Route ein. Nach ca. 1.15 Std. steht man wieder an der Einmündung des schmalen Pfades in den Hauptweg, den man nun schräg nach rechts überquert und gegenüber auf dem Pfad weiterläuft, der mit einem **Pflock** mit der Aufschrift »11« markiert ist. Einem kleinen, dicht bewaldeten Tal folgend geht es abwärts. Zehn Minuten später mündet unser Pfad in einen weiteren Waldweg. Links ist Arure ausgeschildert. Um zur Höhenstraße zurückzukehren, müssen wir jedoch rechts gehen. Die nicht zu verfehlende Route orientiert sich wiederum an einem flachen Taleinschnitt. Die Steigung nimmt zu, und der nun recht steinige Pfad beschreibt einen Bogen nach rechts, um kurz darauf das schmale Bachbett zu queren. Der Taleinschnitt begleitet uns im weiteren Wegverlauf rechter Hand. Wir folgen einer **ehemaligen Wasserrinne,** die einst sorgfältig mit Bruchsteinen eingefaßt war, die aber längst ausgetrocknet ist. Nach 1.45 Std. stehen wir wieder am **Picknickplatz von Las Creces.** Von hier aus kehren wir nach links auf dem breiten Waldweg zum **Ausgangspunkt** zurück (2 Std.).

Bei Las Hayas

Der heilige Berg der Guanchen

Auf die Fortaleza de Chipude

Nur durch eine kleine Felswand kann der Wanderer den Tafelberg Fortaleza de Chipude erklimmen, der den Südwesten Gomeras in eindrucksvoller Weise beherrscht. Oben genießt man herrliche Ausblicke und stößt auf Schritt und Tritt auf die Spuren heiliger Stätten der Ureinwohner.

DIE WANDERUNG IN KÜRZE

+++
Anspruch

2 Std.
Gehzeit

150 m
An-/Abstieg

Charakter: Steiniger Pfad mit einer kurzen Kletterpassage

Einkehrmöglichkeiten: Im nahegelegenen Ort Chipude einfache Gasthäuser

Anfahrt: Mit dem PKW: Von der Straße Arure-Las Hayas-Chipude-Igualero zweigt gleich hinter Chipude eine Nebenstraße Richtung La Dama ab. Auf dieser ist kurz darauf der Weiler Pavón erreicht. **Mit dem Bus:** Linie 1 von San Sebastián oder Valle Gran Rey nach Chipude. Man steigt östlich des Orts an der Abzweigung nach La Dama aus. Von dort sind es ca. 20 Min. Gehzeit bis Pavón.

Zwischen den wenigen Häusern von **Pavón** steht auf der linken Straßenseite eine **Trafostation**, neben der man den Wagen abstellen kann. Ein breiter gepflasterter Weg zweigt dort ab. Schon bald geht dieser in einen steinigen Fußweg über, der an kleinen Bauernhäusern vorbei ansteigt. Die meisten Gebäude hier sind unverputzt, aus dem dunklen Naturgestein der Insel fast mörtellos zusammengeschichtet, wie es früher typisch für Gomera war. Viele von ihnen sind heute unbewohnt und dem Verfall preisgegeben.

An einem **Bauernhof,** der schon ein wenig außerhalb des Weilers einzeln zur Rechten des Wegs steht, zweigt gegenüber von Terrassenfeldern, auf denen am Boden kriechende uralte Weinstöcke gezogen werden, direkt rechts auf die Fortaleza de Chipude zu einem Trampelpfad ab. Zur weiteren Orientierung kann ein hoher, einsam stehender Eukalyptusbaum dienen, der sich am Fuß der Steilwand des Tafelbergs ein ganzes Stück über uns erhebt. Zistrosen säumen den immer schmaler und steiler werdenden Pfad. Nach 15 Gehminuten ist der **Eukalyptusbaum** erreicht. Wir halten uns hier schräg links bergauf und gelangen bald auf einen breiteren Pfad, der durch Steinpyramiden markiert ist. Ihm folgen wir über Felsstufen weiter nach links aufwärts.

Es gilt nun, die **Steilwand der Fortaleza** zu erklimmen. An dieser Stelle ist dies auch Wanderern möglich, die nicht über Klettererfahrung verfügen. Allerdings wird man hin

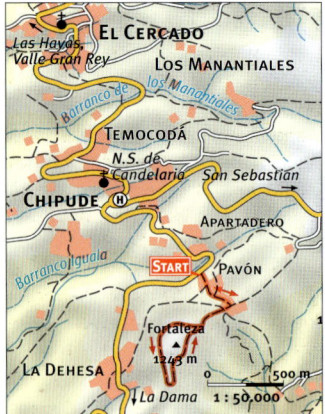

tation hier oben, und der würzige Duft aromatischer Blätter umfängt den Wanderer. Zwar steht das **weiße Kreuz** nicht auf dem eigentlichen Gipfel, dennoch soll es nächstes Etappenziel der Wanderung sein (50 Min.), denn ohne Zweifel genießt man von hier die schönste Aussicht mit Blick auf die Nachbarinseln La Palma und Hierro und über die Hochfläche von Chipude. Es lohnt sich, noch ein wenig über das Plateau zu schlendern und nach den Steinkreisen, Opferaltären und Menhiren Ausschau zu halten, die von den Ureinwohnern hier hinterlassen wurden. Dabei sollte man sich allerdings nicht von den allzu auffälligen Steinarrangements irritieren lassen, die manch schalkhafter Hobbyarchäologe aufgebaut hat, vielleicht, weil er die Originale nicht finden konnte.

Eine interessante Flora gibt es zu entdecken: Auf langen Stielen sitzen die fleischigen Rosetten des Baum-Äoniums, die saftiggrünen Blätter der Hierro-Gänsedistel erinnern an einen großen Löwenzahn. Im zeitigen Frühjahr blühen Liliengewächse: Kleinfrüchtiger Affodill und Neapolitanischer Lauch. Aufgeschreckt durch die Tritte huschen Gomera-Eidechsen davon. Vom Südrand des Plateaus blickt man Hunderte von Metern hinab in den Barranco de la Rajita und auf die von Plastikplanen abgedeckten Bananenfelder von La Dama. Etwa 40 Min. dauert die Umrundung der Hochfläche, dann trifft man wieder auf den durch Felspyramiden markierten Pfad, der zu dem vom Hinweg schon bekannten **Abstieg** führt. Nach 2 Std. Gehzeit ist der Ausgangspunkt der Wanderung in Pavón wieder erreicht.

und wieder die Hände zu Hilfe nehmen müssen. Der schwierigste Teil des Aufstiegs ist schnell vorüber. Dann stehen wir auf einem **Felsgrat** (40 Min.). Zur Rechten ist ein weißes Kreuz auszumachen. Auf dieses halten wir im weiteren Wegverlauf zu. Auf dem Grat geht es auf dem zum Glück sehr griffigen Gestein, zunächst immer noch unter Zuhilfenahme der Hände, weiter. Im Zweifelsfall helfen immer wieder kleine Steinpyramiden bei der Orientierung.

Der schmale Felsrücken erweitert sich bald zu einem breiten Plateau, auf dem man nun wieder aufrecht gehen kann. Dort stößt man auf die Ruinen einer **altkanarischen Tempelanlage:** Mauerreste, die ein wabenförmiges Muster bilden. Ein wenig weiter südlich sind die Reste eines doppelwandigen Steinkreises zu erkennen. Mediterran wirkt die Vege-

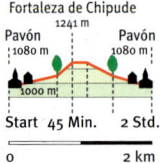

Fortaleza de Chipude

Die Fortaleza de Chipude

Mit 1241 m ist die **Fortaleza de Chipude** zwar nicht der höchste, wohl aber der markanteste Gipfel Gomeras. Nahezu senkrechte Abbrüche zu allen Seiten kennzeichnen den Tafelberg. Er ist geologisch mit den Roques verwandt (s. Tour 3). Saures, zähflüssiges Magma konnte nicht zur Oberfläche durchdringen und staute sich unterirdisch zu einer sogenannten Quellkuppe auf. Die Deckschichten aus Tuff wurden später durch Erosionsprozesse abgetragen.

Argoday nannten die Ureinwohner Gomeras den Berg. Dies bedeutet, ebenso wie der spanische Name Fortaleza, nichts anderes als Festung. Während der Conquista sollen sich die Guanchen auf der Fortaleza de Chipude verschanzt haben. Auch scheint ihnen der Tafelberg als heilig gegolten zu haben. Der französische Archäologe René Verneau und sein kanarischer Kollege Bethencourt Alfonso entdeckten Ende des 19. Jh. auf der Hochfläche der Fortaleza Reste einer prähistorischen Kultstätte ähnlich der von El Julán auf Hierro (s. Tour 26). Zentraler Teil der Tempelanlage scheint ein doppelter Steinkreis gewesen zu sein. In der Nähe befanden sich wabenähnlich angelegte Pferche für Opfertiere sowie Brandopferherde mit Asche und Knochenresten – letztere einfach in Form von Vertiefungen im Boden, die von kleinen Steinkreisen umgeben waren. Aus diesen Steinkreisen ragte jeweils eine Art Menhir von bis zu einem Meter Höhe heraus, den die Guanchen *baetyl* (heiliger Stein) nannten. Leider ist der Erhaltungszustand der – ungeschützten – archäologischen Stätte nicht mehr so gut wie anscheinend noch vor 100 Jahren, denn einheimische Hirten, die ihr Vieh auf die Fortaleza trieben, nutzten seither die Ruinen als eine Art Steinbruch, um Schutzmauern und Pferche zu errichten.

Ausgangspunkt der Wanderung ist der kleine Weiler Pavón

Tour 11

Hinauf zum Hexentanzplatz

Von La Vizcaina nach El Cercado und Laguna Grande

Die wichtigste Verbindung ins Valle Gran Rey war früher der alte Saumpfad, der sich zwischen La Vizcaina und El Cercado eine steile Felswand hinaufwindet. Von dort geht es weiter zum Lorbeerwald von Laguna Grande.

DIE WANDERUNG IN KÜRZE

+++
Anspruch

6 Std.
Gehzeit

900 m
An-/Abstieg

Charakter: Teils steile An- und Abstiege auf steinigen Saumpfaden, teils bequeme Feld- und Waldwege

Einkehrmöglichkeiten: Bar María und Bar Victoria in El Cercado; Restaurant La Laguna Grande am gleichnamigen Picknickplatz

Anfahrt: Mit dem Pkw: Im Ortsteil Lomo de Morales (kurz unterhalb der Kirche von Retamal) auf einer schmalen Nebenstraße Richtung El Hornillo abbiegen; dort hält man sich talaufwärts. Hinter dem kleinen Ortskern von La Vizcaina wird rechts ein dicht mit Palmen bestandener Taleinschnitt sichtbar. Voraus erkennt man noch einige Häuser, bevor das mit Schilfrohr zugewucherte größere Tal des Barranco del Agua sichtbar ist. Parken am Straßenrand.
Mit dem Bus: Linie 1 von San Sebastián oder Valle Gran Rey bis Retamal. Von dort zu Fuß auf der Hauptstraße abwärts bis zum unmittelbar angrenzenden Ortsteil Lomo de Morales und weiter wie bei der Anfahrtsbeschreibung für Autofahrer (etwa 30 Min.)

Hinter dem **letzten Haus** des eigentlichen Ortskerns von **La Vizcaina** halten wir uns auf einem auffällig breiten, mit Laternen beleuchteten Betonweg, in den Natursteine eingelassen sind, am Rand des Taleinschnitts aufwärts. Rote Farbpunkte und Pfeile geben im weiteren Verlauf immer wieder einen Hinweis darauf, daß wir uns auf dem richtigen Weg befinden. (Der Einstieg ist relativ schwierig zu finden und kann sich rasch verändern, da im Ort eine rege Bautätigkeit herrscht. Daher im Zweifelsfall nach dem »Camino de El Cercado« fragen!) Der betonierte Weg endet vor einem Haus. Ein fast ebenso breiter gepflasterter Stufenweg führt steil bergan weiter. Bei einem betonierten **Wasserhaus** (15 Min.) biegt der Weg nach links ab und wird schmaler. Von hier an ist die ehemalige Pflasterung, die den alten Saumpfad zu erkennen gibt, nur noch teilweise erhalten. Der Weg steigt zunächst mit recht großer Steigung schräg durch aufgelassene Opuntien-Felder an, um nach einer guten halben Stunde die Steilwand zu erreichen. Mit unverminderter Steigung geht es weiter. Nach 40 Min. weist rechts eine

58

Felspyramide auf eine Abzweigung hin. Ein schmalerer Pfad steigt hier an einem mit Agaven bewachsenen Hang steil an. Er führt über La Matanza nach Chipude. Wir jedoch gehen geradeaus weiter, wo der Saumpfad nun hangparallel einen schmalen, von Opuntien überwucherten Taleinschnitt umrundet. Dann führt er uns allmählich in das Tal des Barranco hinein, der uns zur Linken begleitet. Steil aufwärts laufen wir anschließend fast schnurgerade auf einen weiteren Seitentaleinschnitt zu. In diesem Bereich ist der alte Saumpfad noch gut erhalten, der einst die Hauptverbindung vom Valle Gran Rey zur Außenwelt darstellte. Nachdem der Taleinschnitt umrundet ist, geht es unterhalb einer **Felswand** bei mäßigem Gefälle schräg zum Hang weiter aufwärts. Eine Serpentine überwindet die Felsstufe, danach verläuft der Weg wieder fast höhenparallel. Links können wir nun erstmals in den feuchten Talgrund des Barranco del Agua blicken. Hinter der nächsten Biegung sehen wir dann die Hochfläche von El Cercado, zu der es nun noch gilt hinaufzusteigen. Wir kommen zu einem nächsten Taleinschnitt, zu dem links ein unscheinbarer, durch verfallene Mauern abgestützter Weg abzweigt. Wir beachten ihn nicht, sondern gehen rechts weiter, wo uns Felspyramiden die Richtung anzeigen (1.30 Std.). Wir steigen zwei Serpentinen aufwärts und queren dann den oberen Bereich der Talmulde, wo wir an einer **Quelle** vorbeikommen. Fünf Minuten später sehen wir vor uns die ersten Häuser von El Cercado, laufen nun bereits oberhalb der Steilwand, die zum Barranco del Agua hin abfällt, und können nur wenige Meter über uns die Hochebene erahnen, die wir fünf Minuten später erreichen. Hier treffen wir auf einen Fahrweg, dem wir nach links in den Ort hinein folgen.

Nach 1.50 Std. stehen wir auf der Dorfstraße von **El Cercado**. Direkt gegenüber befindet sich die Bar María und ein paar Schritte weiter rechts die Bar Victoria, wo man nach den Mühen des Aufstiegs eine Rast einlegen kann. Noch weiter rechts befinden sich an derselben Straße die berühmten Keramikwerkstätten von El Cercado, denen man bei dieser Gelegenheit einen Besuch abstatten kann.

Der weitere Weg Richtung Laguna Grande erfolgt dann über eine schmale Gasse, die unmittelbar rechts neben der Bar María von der Hauptstraße aufwärts abzweigt. Es handelt sich dabei um einen Fußweg, der zu schmal ist, um von Autos befahren zu werden. Die Betondecke des Weges endet nach wenigen Metern und es geht geradeaus auf steinigem Untergrund weiter. Wenig später erreichen wir die kleine Kirche des Ortes, die **Ermita Lomo del Pino.** An dieser vorbei führt der Weg geradeaus weiter und mündet nach etwa 2.10 Std. bei einem Viehstall in einen schmalen Fahrweg, auf dem wir links gehen, an einem Trafohaus vorbei. Rechts begleitet eine hohe Natursteinmauer den Weg. Sie endet etwa 30 m hinter dem Trafohaus. Unmittelbar hinter der Mauer steigen wir rechts einen steilen Pfad empor. Nachdem wir an einigen Terrassenfeldern vorbeigestiegen sind, treffen wir auf den Beginn eines Fahrwegs, welcher zunächst ein Stück parallel zu unserem Pfad verläuft. Wir bleiben jedoch rechts auf dem schmalen Pfad, der an einer Mauer entlang verläuft und sich an deren Ende im Bogen rechts aufwärts von dem Fahrweg entfernt. Bald darauf passieren wir ein Wasserbecken und kommen nach 2.15 Std. zu weiteren **Zisternen** und einem **Wasserhaus.**

Hier treffen wir auf eine Piste. Auf ihr gehen wir links und sehen voraus

schon unser nächstes Etappenziel, ein weißes Wasserbecken, das von Palmen umgeben ist. Einen Fahrweg, der von links im spitzen Winkel einmündet, beachten wir nicht. Auch biegen wir wenige Minuten später nicht in die links abzweigende Piste ein, sondern gehen geradeaus weiter. Die Zisterne lassen wir ebenso wie den dazugehörigen Palmenhain links liegen (2.30 Std.) und halten uns weiter geradeaus, wo die Piste in einen von Steinmauern gesäumten alten Pflasterweg übergeht. Er führt uns fünf Minuten später wiederum zu einer Piste, auf der wir links gehen. Eine weitere Piste, die wiederum wenige Minuten darauf rechts abzweigt, bleibt unbeachtet. Kurz darauf sehen wir vor uns schon die **Staumauer des Embalse Las Cabecitas,** wir gehen unterhalb der Mauer vorbei. Kurz danach zweigt links ein schmalerer Fahrweg ab, den wir nicht beachten. Wir laufen am linken Ufer des Stausees entlang und treffen in dessen oberem Teil wiederum auf eine Gabelung, wo wir links gehen. Eine Wasserrohrleitung begleitet den Weg. Wir laufen am Rande eines mit Weinstöcken bepflanzten Tals aufwärts und gelangen nach 2.45 Std. an die **Grenze des Nationalparks Garajonay,** die durch eine große Tafel markiert wird. Hier gabelt sich der Weg. Wir folgen links der Beschilderung Richtung »La Laguna Grande«. Wir treten nun in den Lorbeerwald ein. Unser Pfad schlängelt sich zunächst gemächlich, dann mit zunehmender Steigung durch den Wald, bis wir nach 3.10 Std. auf ein **Generatorhaus** und einen breiteren Weg treffen. Nun sind es nur noch wenige Schritte bis zur **Gaststätte von Laguna Grande.**

Nachdem wir hier eine Rast eingelegt haben, kehren wir auf demselben Weg zurück nach **El Cercado.** Dabei gilt es, fünf Minuten hinter der Staumauer des Embalse Las Cabecitas rechter Hand auf die Abzweigung des

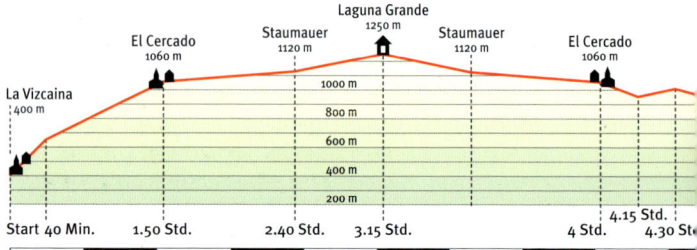

Pflasterweges zu achten, der zu der Zisterne und dem Palmenhain führt. Von dort ist der weitere Weg über das weithin sichtbare Wasserhaus abwärts nach **El Cercado** nicht zu verfehlen. Nach 4 Std. stehen wir wieder an der **Bar María**. Den Einstieg zum weiteren Weg finden wir auf der anderen Straßenseite, unmittelbar rechts neben dem Fahrweg, auf dem wir nach El Cercado heraufgekommen waren. Hier führt ein stellenweise noch gepflasterter Saumpfad abwärts in Richtung Barranco del Agua. In einer engen Linkskurve zweigt gleich darauf rechts ein schmaler

Pfad ab, den wir nicht beachten. Ein grüner Pfeil weist uns die Richtung. Ebensowenig beachten wir den in der nächsten Rechtskurve links abzweigenden Pfad. Fünf Minuten später passieren wir ein ausgetrocknetes Bachbett in einem der Seitentäler, in die sich der Barranco del Agua in seinem oberen Bereich aufspaltet. Ohne größere Steigungen geht es dann zwischen Terrassenfeldern weiter zu einem **zweiten Talgrund** (4.15 Std.), hinter dem der Saumpfad zwischen großen Felsblöcken ansteigt. Es geht steil aufwärts zu einem **Bergrücken** (4.30 Std.). Dort treffen wir auf eine mit Felspyramiden markierte Wegkreuzung und sehen voraus einige zu Las Hayas gehörende Häuser. Wir gehen nun links, wo sich der Weg schon nach wenigen Metern gabelt. Hier halten wir uns rechts. Rechter Hand befindet sich nun eine flache Talmulde mit einem Palmenhain. Nachdem wir ein niedriges Baumheidegebüsch durchquert haben, können wir bald fast den gesamten oberen Bereich des Valle Gran Rey überblicken.

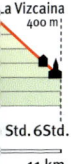

La Vizcaina
400 m

Std. 6Std.

11 km

Der Weg hält sich jetzt an der linken Kante des Bergrückens. Hinter dem nächsten Felssporn erblicken wir auf der Fortsetzung des Bergrückens eine Stromleitung, die dem Weg, auf dem wir später die Steilwand hinabwandern werden, den Namen »Mastenabstieg« gegeben hat. Nach 4.45 Std. gabelt sich der Weg in mehrere Trittspuren. Egal für welche wir uns nun entscheiden, wir stehen nach wenigen Metern auf einem breiten Wanderweg, eben dem »Mastenabstieg«, auf dem wir links gehen. Das nun folgende Teilstück bietet zunächst hervorragende Ausblicke nach links El Cercado sowie auf den Tafelberg Fortaleza bei Chipude. Wenig später schauen wir nach rechts über die wellige Hochebene bei Las Hayas. Der eigentliche **Abstieg** beginnt nach ca. 4.50 Std. An einer ersten Steilstelle ist die Pflasterung des alten Verbindungswegs noch gut erhalten. (Einen Pfad, der unmittelbar zu Beginn des gepflasterten Abschnitts rechts abzweigt, ignorieren wir.) Ein voraus etwas unterhalb aufragender Strommast kann als erste Orientierungshilfe dienen, doch ist der breite, zum Abhang hin von einer Mauer gesäumte Weg ohnehin nicht zu verfehlen. In steilen Serpentinen geht es abwärts.

Der Abstieg ist beschwerlich, erfordert aber keine Schwindelfreiheit. Wir queren die **Stromleitung** (5.15 Std.) und laufen danach schräg zum Hang durch mehrere winzige Talmulden. Später wandern wir einen Hang hinab, der dicht mit Opuntien, Agaven und Wolfsmilchgewächsen bestanden ist. Auch Palmen treffen wir hier an. Der steilste Teil des Abstiegs liegt nun hinter uns und rückblickend können wir noch einmal die Felswand hinaufschauen, die wir soeben überwunden haben. Dennoch geht es auch im folgenden noch zügig bergab, wobei sich der Weg – streckenweise fast schnurgerade – auf einem schräg abfallenden Bergrücken hält. Unseren Ausgangspunkt erkennen wir nun genau geradeaus, doch tief unter uns.

Nach 5.50 Std. kommen wir an einem **Schuppen** vorbei und queren kurz darauf einen schmalen Wasserkanal. In engen Serpentinen geht es weiter abwärts bis zu einer Gabelung, die kurz darauf erreicht ist. Hier wählen wir den linken Pfad. Nochmals queren wir einen Wasserkanal und stehen dann an den ersten Häusern des Weilers **Los Descansaderos**. Dort führt ein gepflasterter Treppenweg weiter abwärts (von oben einmündende Abzweigungen ignorieren wir), und wenig später erreichen wir die schmale Straße, auf der wir nach links durch den dicht mit Schilfrohr bewachsenen Talgrund des **Barranco de Agua** zurück zum Ausgangspunkt in **La Viscaina** gelangen (6 Std.).

Hexensabbat

Auf der Lichtung von **Laguna Grande** trafen sich einst in Vollmondnächten die Hexen. Heute geben sich Großfamilien an Wochenenden auf dem Picknickplatz ein Stelldichein. Doch die alten Ängste sind noch lebendig. Niemand würde nach Einbruch der Dunkelheit hier verweilen, denn dann muß man damit rechnen, von den Hexen mit Steinen beworfen zu werden – sagen die Einheimischen. So ganz aus der Luft gegriffen, wie es dem »aufgeklärten« Mitteleuropäer scheinen mag, sind diese Befürchtungen nicht. Noch immer sind magische Riten auf Gomera recht verbreitet, vor allem in entlegenen Siedlungen, wo es zahlreiche Hexen (*brujas*) und Wunderheilerinnen (*curanderas*) geben soll.

Auf dem Kirchenpfad

Von Casa de la Seda zum Teguergenche

Steil aufwärts geht es auf dem sogenannten Kirchenpfad. Dann folgt ein Panoramaweg hoch über dem Valle Gran Rey über wilde, einsame Bergrücken bis zu einem Aussichtspunkt hoch über dem Meer.

DIE WANDERUNG IN KÜRZE

+++
Anspruch

7 Std.
Gehzeit

900 m
An-/Abstieg

Charakter: Steinige Saumpfade mit z. T. erheblicher Steigung

Einkehrmöglichkeiten: Keine

Anfahrt: Mit dem PKW: Auf der Hauptstraße durch das Valle Gran Rey bis zum Ortsteil Casa de la Seda, wo es am unteren Ortsrand auf der talwärtigen Seite Parkbuchten gibt. **Mit dem Bus:** Linie 1 von San Sebastián bis Casa de la Seda. Wer im Valle Gran Rey wohnt, kann ebenfalls mit der Linie 1 bis Casa de la Seda fahren. Es lohnt jedoch kaum die Mühe, auf den Bus zu warten, denn zu Fuß gelangt man auf einem breiten Weg im Talgrund des Barranco del Valle Gran Rey, der gegenüber der Tankstelle von Calera beginnt, in 30 Min. nach Casa de la Seda, wo man im Talgrund unterhalb der Ermita de los Reyes auf den beschriebenen Wanderweg trifft.

Ausgangspunkt ist der Ortsteil **Casa de la Seda** im Valle Gran Rey. Am unteren Ortsrand, etwa 30 m unterhalb der Autowerkstatt El Guro, zweigt ein von Geländern eingefaßter breiter Treppenweg zum Talgrund ab. Ihm folgen wir durch einen dichten Schilfrohrbestand und sehen dann auf der anderen Seite des Tales bereits die Ermita de los Reyes, die alljährlich am 6. Januar, dem Tag der Heiligen Drei Könige, Schauplatz des größten Kirchenfestes im Valle Gran Rey ist. Noch im Talgrund queren wir eine Piste und steigen dann geradeaus auf dem gepflasterten Treppenweg zur **Ermita** hinauf, auf deren großem Vorplatz wir eine erste Pause einlegen können. Dann gehen wir links an dem kleinen Gotteshaus vorbei und treffen dahinter auf einen von Mauern eingefaßten breiten Weg, der uns nach etwa 10 m zu einem steilen, gepflasterten Saumpfad führt. Auf diesem gehen wir rechts, den gelben Markierungen folgend. Gleich darauf zweigen wir nicht rechts zu einem Haus ab, sondern laufen geradeaus im Bogen durch ein enges palmenbestandenes Seitental. Dahinter passieren wir ein **schönes Anwesen,** vor dem tropische Obstbäume und – als höchster Baum der Umgebung – eine Araukarie gedeihen. Der Weg hält sich nun fast hangparallel entlang eines nicht mehr genutzten schmalen Wasserkanals und wird von Palmen gesäumt, die hier vor langer Zeit zwecks Gewinnung von Palmhonig angepflanzt wurden. Dann geht es an Terrassenfeldern vorbei aufwärts bis zu einem weiteren schmalen Neben-Barranco, wo zwei kleine **ziegelgedeckte Häuser** stehen. Zwischen den Häusern und dem Talgrund markieren Steinmännchen den Beginn des sogenannten **»Kirchenpfades«** (20 Min.). Hier verlassen wir den hangparallelen Weg und gehen rechts auf einem gepflasterten Saumpfad am Rand des schmalen Talgrunds steil aufwärts. Bald queren wir das ausgetrocknete Bachbett. Dahinter windet sich unser Weg weiterhin steil aufwärts. Nach 45 Min. stehen wir auf einem schmalen **Sattel,** von wo man nach links einen Abstecher von wenigen Metern zu einem Felssporn machen kann. Dort bietet sich ein hervorragender Blick in den oberen Bereich des Valle Gran Rey und nach Casa de la Seda.

Dann wenden wir uns zum Hauptweg zurück und folgen diesem weiter aufwärts, an winzigen Terrassenfeldern vorbei, auf denen Opuntien gedeihen. Sie liefern im Spätsommer die begehrten Kaktusfeigen. Früher wurde auf ihnen die Koschenille-Laus gezüchtet, aus der man einen roten Farbstoff gewann. Doch während man auf anderen Kanareninseln, namentlich auf Lanzarote, noch heute die Naturfarbe her-

stellt, wurde diese Tätigkeit auf Gomera schon vor langer Zeit aufgegeben. Vereinzelt kann man auf den fleischigen Stengeln der Kakteen noch die weißen, pelzigen Ansammlungen von Koschenille-Läusen entdecken. Wenn man sie zerquetscht, tritt eine karminrote Flüssigkeit heraus.

Wir verlassen den Bereich der Opuntien-Felder, die Steigung nimmt zu. Wir erklimmen zunächst in engen Serpentinen und später schräg zum Hang eine Steilwand. Der Weg ist so angelegt, daß er nirgends Schwindelfreiheit abverlangt. In einem Taleinschnitt treffen wir auf weitere Opuntien-Felder und kommen kurz darauf an eine **Palmengruppe** (1.15 Std.). Dort befindet sich linker Hand ein Ziegenstall, den wir nicht weiter beachten. Wir halten uns auf dem hier unmittelbar an der Hangkante weiterführenden Weg, der durch kleine Steinpyramiden markiert ist. (Rechts von uns befindet sich ein tiefer, karger Taleinschnitt.) Nach 2 Std. erreichen wir eine **Felsscharte** und stehen nun auf dem Sattel zwischen der Montaña del Adivino, die sich rechts von uns erhebt, und dem links angrenzenden Lomo del Harinero. Voraus schauen wir in die tiefe Schlucht des Barranco de Argaga. Unmittelbar hinter der Scharte biegen wir rechts ab auf einen Pfad, der an der linken Seite des Felskammes entlang auf die Montaña del Adivino

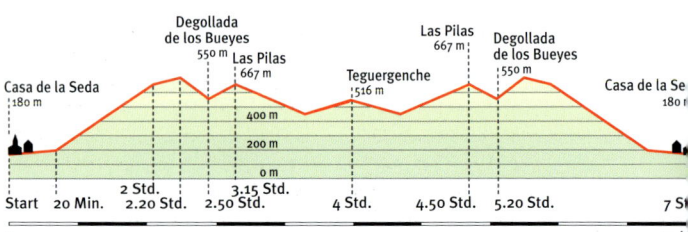

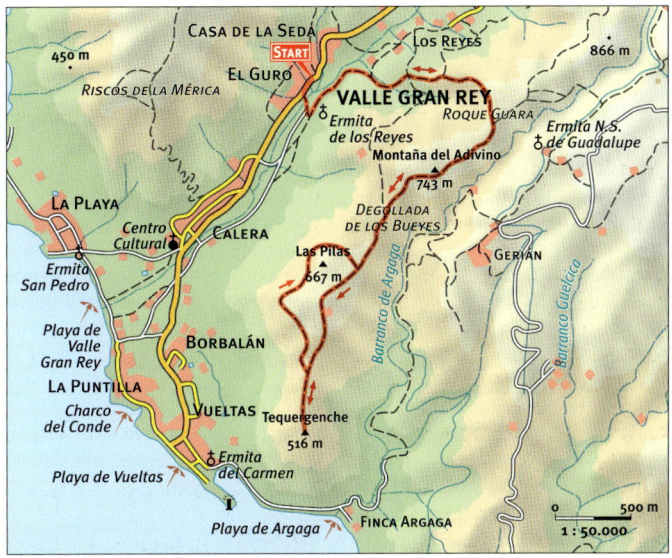

zuhält. Der Weg ist stellenweise mit Bruchsteinmauern eingefaßt, außerdem helfen kleine Steinpyramiden immer wieder bei der Orientierung. Eine Felsgruppe wird auf der linken Seite umgangen. Dort gabelt sich der Pfad. Wir folgen nicht der deutlichen Spur nach links abwärts, sondern gehen rechts, wo wiederum Steinmännchen den Weg weisen. Der Pfad verläuft unmittelbar unterhalb einer Felswand. Es geht an einem Hang entlang mit mäßiger Steigung wieder aufwärts, zur Linken den Talgrund des Barranco de Argaga. Nach rund 2.20 Std. Gehzeit ist der **Südrand der Montaña del Adivino** erreicht. Hier ergibt sich hinter einer Kurve recht unvermittelt ein erster Ausblick auf den Strand des Valle Gran Rey und die Häuser des Ortsteils La Playa. Direkt vor uns liegt jenseits eines Bergsattels der Gipfel Las Pilas, unser nächstes Ziel. Doch zunächst steigen wir zu dem Sattel hinunter, der Degollada de los Bueyes.

Der Abstieg dorthin erfolgt in engen Serpentinen durch felsiges Gelände, wobei Steinpyramiden bei der Orientierung sehr hilfreich sind. Nach 2.40 Std. stehen wir am Beginn des **Sattels** und können nun auch nach La Calera blicken. Eine gebogene Felsmauer, die sich vor uns erhebt, umgeht unser Pfad auf der linken Seite. Im weiteren Verlauf hält er sich links unterhalb des Sattels mehr oder weniger höhenparallel, bis wir dann nach 2.50 Std. an der eigentlichen **Degollada de Bueyes** stehen, einer Verflachung, auf der sich zwei auffällige große Steinpyramiden erheben. Sie markieren den Einstieg in den sogenannten »Lechepfad« (s. u.). Der dem Valle Gran Rey zugewandte Hang ist hier mit niedrigen Kiefern bewaldet – ein seltener Anblick auf dem ansonsten äußerst kargen Bergrücken. Es handelt sich dabei nicht um die Kanarische Kiefer, sondern um eine aus Nordamerika importierte Kiefernart, die an ihren wesentlich kürzeren Nadeln zu erkennen ist. Mit ihr wurde in den vergangenen Jahrzehnten auf den Kanarischen Inseln häufig aufgeforstet.

Unser Weg beginnt nun wieder steil anzusteigen. Er hält sich auf der Seite des Bergrückens, die dem Barranco de Argaga zugewandt ist. Wie schon zuvor an einigen Stellen, säumen auch hier wieder Agaven den Weg, mit deren stechenden Blattspitzen man nicht in Berührung kommen sollte. Sie wurden ebenso aus Amerika hierhergebracht wie die Opuntien, die an diesem Hang wieder in größerer Zahl zu sehen sind. Die uralten Kaktusexemplare mit den verholzten Stämmen wurden bereits im vorigen Jahrhundert gepflanzt. **Ruinen eines Bauernhofes,** die wir nach 3.15 Std. erreichen, erinnern an die Zeit der kommerziellen Farbstoffgewinnung. Wir stehen nun auf der **Hochfläche Las Pilas.** Direkt hinter den Hausruinen sehen wir einen alten Dreschplatz, den wir rechts liegenlassen. Meerwärts erkennen wir eine langgestreckte Felsgruppe, die aus der Hochfläche herausragt. Auf sie halten wir weglos über aufgelassene Felder zu. Einst wuchs hier Getreide, doch der Anbau lohnt schon seit Jahrzehnten nicht mehr. Kurz vor dem rechten Rand der Felsgruppe treffen wir auf einen weiteren Dreschplatz, von wo ein von niedrigen Mauern gesäumter Weg zu der Erhebung führt. Hier halten wir uns links bis zum **höchsten Punkt der Kuppe** (3.20 Std.). Von dort aus bietet sich eine großartige Rundumsicht. Vor uns erblicken wir die Bucht von Argaga, links die mit Plastikplanen abgedeckten Bananenfelder von La Dama und weiter landeinwärts den Tafelberg Fortaleza de Chipude. Nach rechts schaut man – jenseits von Valle Gran Rey – auf die Hochfläche La Mérica, die gleichfalls früher für den Getreideanbau genutzt wurde (s. Tour 14). Vom Gipfel steigen wir weglos zu einer weiteren Hausruine hinunter. Dahinter erkennen wir einen weiteren ehemaligen, kreisrunden, gepflasterten Dreschplatz und jenseits davon, rechts oberhalb der Argaga-Bucht, den vorgelagerten Gipfel Teguergenche. Er soll unser nächstes Ziel sein.

Dazu gehen wir rechts um das Haus herum und halten dann zwischen Haus und Dreschplatz hindurch, wo wir eine schmale Trittspur finden. Sie führt uns nach rechts zu

Auf dem Kirchenpfad

einer Felsgruppe, bei der es sich um einen ehemaligen Tagoror der Ureinwohner Gomeras handeln könnte (s. S. 130). Von hier aus geht es an der linken Seite der Hochfläche weglos weiter, wobei mehrere ehemalige Terrassenfelder zu queren sind. Einen regelrechten Weg gibt es hier nicht. Ab und zu trifft man auf Trittspuren und vielleicht auch auf Steinpyramiden, doch sollte man sich nicht darauf verlassen, da die Qualität der Markierung sehr undeutlich ist. Nach relativ steilem Abstieg im unteren Bereich queren wir einen Sattel und halten dann auf einen wieder deutlich erkennbaren, durch Steinpyramiden markierten Pfad auf den **Gipfel des Teguergenche** zu, den

wir – im oberen Bereich wieder praktisch weglos – nach 4 Std. erreichen.

Um die Aussicht nach Argaga genießen zu können, müssen wir uns noch ein Stück meerwärts an der linken Hangkante entlang halten. Man trifft dort fünf Minuten später auf eine Art natürlichen Aussichtsbalkon, der mit Steinmännchen markiert ist. Auf dessen linker Seite kann man ein paar Meter bis zu einer Felsspitze hinuntersteigen, doch ist hier Vorsicht geboten. Absturzgefahr!

Wir kehren zum Gipfel des Teguergenche zurück und laufen von dort wieder zum **Sattel** hinunter (4.15 Std.). Der nun folgende Wegabschnitt, der den Gipfel Las Pilas im Nordwesten umgeht, hält einige

Schwierigkeiten bereit! (Wer seiner Trittsicherheit nicht vertraut, sollte von hier aus für die Rückkehr die vom Hinweg schon bekannte Route wählen.) Wir halten uns zunächst noch ein Stück bergauf, einer mehr oder weniger deutlichen Trittspur folgend, wenden uns dann aber, sobald der Anstieg steiler wird, nach links, wo wir einen undeutlichen Pfad finden, der schräg zum Hang aufwärts verläuft.

Sollte man diesen verfehlen, so hält man einfach auf die linke Kante des Hangs zu. Spätestens dort trifft man wieder auf eine erkennbare Spur. Auf dieser geht es aufwärts an der Hangkante entlang. Immer wieder ergeben sich grandiose Ausblicke auf die Strände des Valle Gran Rey. Doch Vorsicht, nicht zu nah an den Steilabfall treten!

Nach 4.40 Std. ist die **Hochfläche** wieder erreicht. Den Gipfel Las Pilas erkennen wir nun rechts von uns. Wir gehen jedoch nicht zu ihm hinüber, sondern halten uns weiterhin an der linken Kante. Von hier aus kann man nun auch in den Hafen von Vueltas schauen. Wenig später erkennen wir links die Reste eines Gipfelkreuzes. Hier verliert sich der Pfad vorübergehend, doch wir finden ihn später wieder, wenn wir uns weiterhin an der Hangkante orientieren.

Wir gewinnen immer tiefere Einblicke in das Valle Gran Rey. Kiefern säumen den Pfad, der nun leicht ansteigt. Nach ca. 4.50 Std. passieren wir die **Gipfelkuppe Las Pilas,** die wir jedoch etwa 50 m rechts von uns liegenlassen. Unser nun recht deutlich erkennbarer Pfad führt weiterhin an der Hangkante entlang. Rechts von uns ragen die Mauern ehemaliger Terrassenfelder auf, links gedeihen schüttere Kiefern. Bald sehen wir auf einem Felssporn links unter uns ein

weiteres, hölzernes Gipfelkreuz. Hier steigt unser Pfad einige Meter recht steil empor, um dann wieder fast hangparallel entlang einer niedrigen Felswand weiterzuführen.

Zunächst blicken wir noch hinab ins Valle Gran Rey, doch dann beschreibt die Spur eine Rechtskurve und wir schauen zur Degollada de Bueyes, die uns schon vom Hinweg bekannt ist. Wir queren den oberen Bereich eines steilen Taleinschnitts, wo es immer wieder zu Felsabstürzen kommt, wodurch der Weg verschüttet sein kann. (Im Zweifelsfall lieber umkehren und über den verlassenen Bauernhof zum Hauptweg zurückkehren!) Hinter dem Taleinschnitt führt der Pfad auf die dem Argaga-Tal zugewandte Hangseite. Man klettert über mehrere schmale aufgelassene Terrassenfelder hinab und trifft nach 5.15 Std. bei den uralten Opuntien-Exemplaren wieder auf den durch Steinmännchen markierten Saumpfad, auf dem wir zur Hochebene Las Pilas hinaufgestiegen waren.

Auf der bekannten Route geht es nun hinab zur **Degollada de Bueyes** (5.20 Std.). (Hier zweigt links, durch zwei riesige Steinpyramiden markiert, der sogenannte »Lechepfad« ab. Doch Vorsicht: Was als relativ gut mit Steinmännchen markierter Saumpfad beginnt, erweist sich allerdings rasch als abenteuerliche Kletterpartie, wobei die Markierungen immer spärlicher werden und schließlich für den Ortsunkundigen kaum noch auszumachen sind. Dieser Weg ist daher nicht zu empfehlen!) Wir laufen also auf dem bereits bekannten Weg zurück zur Felsscharte am **Beginn des »Kirchenpfads«** (5.50 Std.) und auf diesem abwärts zum Ausgangspunkt **Casa de la Seda** (7 Std.).

Die Schluchtentour

Durch den Barranco de Argaga

Einige Kletterei bedeutet der Aufstieg durch den Barranco de Argaga, der einen guten Orientierungssinn voraussetzt. Anschließend geht es auf Saumpfaden aufwärts zur Hochebene bei Gerián und später bergab nach Calera.

DIE WANDERUNG IN KÜRZE

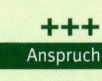

+++
Anspruch

6 Std.
Gehzeit

800 m
An-/Abstieg

Charakter: Schluchtwanderung teils durch wegloses Gelände mit Kletterpartien; später steinige, steile Saumpfade

Einkehrmöglichkeiten: Nur in Vueltas und Calera am Ausgangs- und Endpunkt der Wanderung

Anfahrt: Mit dem Pkw: Auf der Carretera Dorsal (Höhenstraße) oder der Carretera del Norte bis zur Gabelung Apartacaminos. Weiter über Arure ins Valle

Gran Rey. Im unteren Talbereich hält man sich hinter der Tankstelle von Calera links Richtung Vueltas, wo es in Hafennähe Parkmöglichkeiten gibt. Nach der Wanderung kann man von Calera zu Fuß nach Vueltas gehen (ca. 20–30 Min.) oder mit dem Taxi fahren. **Mit dem Bus:** Linie 1 von San Sebastián nach Vueltas/Valle Gran Rey; Rückfahrt mit Linie 1 ab Calera nach San Sebastián

Ausgangspunkt ist der **Hafen von Vueltas,** wo wir uns links am Strand entlang unterhalb einer Steilwand auf einer Piste halten. Nach 10 Min. erreichen wir die **Playa de Argaga.** Wir queren den ausgetrockneten Talgrund des Barranco und halten uns gleich dahinter, noch vor einer hohen Mauer, auf einem Fahrweg links aufwärts. Nach etwa 100 m passieren wir ein normalerweise offenstehendes Tor und betreten nun Privatgelände, das aber für Wanderer zugänglich ist. Dicke rote Punkte markieren im folgenden unseren Wegverlauf. Wir kommen an mehreren Anwesen vorbei, bleiben aber stets auf der Piste und queren dabei noch zweimal den Talgrund. Nach 20 Min. passieren wir den **Tropischen Fruchtgarten.** Etwa 100 m weiter erreichen wir abermals den Barrancogrund und treffen dort auf einige Steinpyramiden. Hier verlassen wir die Piste nach rechts und gehen direkt durch das ausgetrocknete Bachbett aufwärts. Die Orientierung fällt dank der auch im folgenden Wegverlauf vorhandenen Steinmännchen nicht schwer. Etwa fünf Minuten später verengt sich der Talgrund zu einer schmalen Schlucht, die zu beiden Seiten von Wänden aus rotem Tuffgestein begrenzt wird. Wir steigen links daneben aufwärts und halten uns dort unterhalb einer Bruchsteinmauer. Um eine kleine Felsstufe hinunterzusteigen, wird man hier erstmals die Hände zu Hilfe nehmen müssen. Kurz darauf wechseln wir die Talseite und gelangen dann wieder auf einen flacheren Wegabschnitt. Der nun deutlich erkennbare Pfad hält sich im folgenden an den Rand des Talgrunds und steigt dann etwas an zu einem kleinen **Wasserrückhaltebecken** (40 Min.). Dahinter erklimmen wir noch eine kleine Felsstufe und sehen dann rechts eine breite Mauer, auf die wir hinaufklettern. Wir stehen auf einem aufgelassenen Terrassenfeld, an dessen rechtem Rand wir rote Farbmarkierungen finden, die uns den weiteren Weg weisen. Wir steigen dort auf eine zweite Terrasse und sodann auf eine dritte. Auf dieser laufen wir dann in Längsrichtung wieder auf den Talgrund zu.

Etwa 10 m vor dem Ende der Terrasse steigen wir rechts neben einer **Rohrleitung** aufwärts und finden dort einen hangparallelen Pfad, dem wir nach links in den Barranco hinein folgen. Wir queren den Talgrund auf einer winzigen Staumauer und laufen dann auf der anderen Seite talaufwärts auf einem deutlich erkennbaren Pfad. Nach 45 Min. queren wir das Bachbett abermals und klettern auf der anderen Seite ein paar Meter

über eine Felswand hinauf. Wieder stehen wir auf einem ehemaligen Terrassenfeld, und es geht geradeaus eine steile Wand hinauf, wobei uns kleine Steinpyramiden und rote Farbpunkte bei der Orientierung helfen.

Wir klettern in den engen Einschnitt eines Seitentals hinein. In dessen oberem Bereich halten wir uns links um eine Felsnase herum (1 Std.). Die Steigung läßt nun deutlich nach. Wir befinden uns hoch oberhalb des Barranco de Argaga auf einem fast hangparallelen Pfad. Fünf Minuten später ist der Talgrund schon weitaus nähergerückt und wir steigen zu diesem hinunter. Rote Pfeile und Punkte weisen die Richtung. Wir queren das ausgetrocknete Bachbett auf einer schrägen Felsplatte und gehen dann unmittelbar rechts, steigen also nicht zu dem von einer Bruchsteinmauer abgestützten Terrassenfeld vor uns auf. Wir laufen am Rand des Bachbetts weiter, verlassen dieses aber schon nach etwa 50 m nach links, steigen zwischen den Mauern zweier Terrassenfelder hindurch auf einen Mangobaum zu und gehen quer über das rechte Terrassenfeld weiter. Dort steigen wir auf ein weiteres, höhergelegenes Feld, welches wir am jenseitigen Ende neben einer **schmalen Wasserrohrleitung** hinter uns lassen.

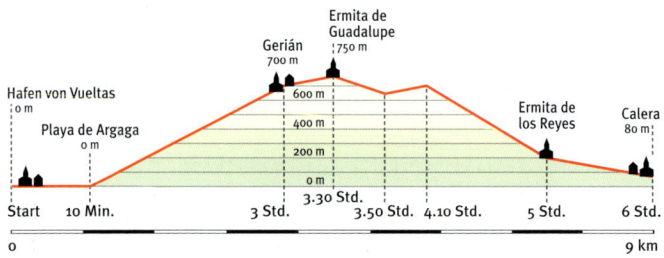

Nun geht es wiederum durch das Bachbett aufwärts. Etwa 50 m weiter klettern wir eine Felsstufe hinauf und verlassen dann das Bachbett nach rechts. Es geht nun steil hangaufwärts. Ohne die hilfreichen roten Punkte und Steinmännchen wäre eine Orientierung hier fast ausgeschlossen. Im oberen Bereich geht es erst im Bogen nach links und dann wieder rechts unterhalb einer steilen Felswand. Dort sehen wir links über uns eine auffällige **dunkle Höhle** und queren kurz darauf eine Wasserrohrleitung (1.30 Std.). Nun folgt eine kurze Kletterpassage vorbei an einer weiteren Höhle. Später wendet sich der Wegverlauf wieder nach links und führt fast höhenparallel unterhalb einer Steilwand entlang.

Wir passieren eine größere Höhle und gelangen zu einem **Felssporn** (1.45 Std.), an dessen linker Flanke uns rote Punkte und Steinpyramiden weiterleiten. Wir nähern uns dem

ausgetrockneten Bachbett wieder an, steigen aber nicht zu diesem hinunter, sondern passieren zwei dicht beieinander stehende Kiefern und laufen, das Bachbett zur Linken, am Hang entlang weiter, auf eine auffällige Palme zu, neben der eine Wasserleitung den Talgrund quert. Wenige Meter vor der Palme verlassen wir den hangparallelen Pfad und steigen steil über eine Felstreppe aufwärts. Dann erreichen wir einen mit zahlreichen Palmen bestandenen Talabschnitt (2 Std.), wo wir wiederum auf Terrassenfelder treffen. Unmittelbar vor den ersten Feldern steigen wir rechts eine Treppe empor. Nachdem wir eine Gruppe von drei sehr unterschiedlich hohen Palmen passiert haben, queren wir einen nicht mehr genutzten Wasserkanal, in dem eine Rohrleitung verläuft, und gehen auf der Feldterrasse links. Diese verlassen wir 30 m weiter nach rechts, einem roten Punkt folgend, und klettern ein kurzes

Ermita de Guadalupe

Stück hangaufwärts, bevor es dann auf einem deutlich erkennbaren, teilweise sogar durch Mauern abgestützten Pfad oberhalb der Terrassenfelder fast hangparallel weitergeht. Wir befinden uns nun auf einem **alten Saumpfad,** der von den Bewohnern von Gerián bis heute genutzt wird, um die Felder im Barranco de Argaga zu bewirtschaften. In steilen, sorgfältig angelegten Serpentinen geht es aufwärts. Nach 3 Std. ist der Anstieg bewältigt und wir haben die Hochebene erreicht. Vor uns sehen wir die ersten Häuser von **Gerián,** zu denen wir nun hinübergehen. Unter Palmen läßt es sich vor dem ersten Haus angenehm rasten. Anschließend laufen wir auf einem Fahrweg geradeaus durch den winzigen Ort, im Bogen geht es eine Anhöhe hinauf. Sobald die Hangkante wieder erreicht ist, sehen wir linker Hand gegenüber der Ruine eines Natursteinhauses eine Wegabzweigung (3.10 Std.). Sie ist durch eine Felspyramide markiert. Wir schlagen diesen Weg ein und ignorieren kurz darauf einen nach links abzweigenden Weg, der lediglich zu einem Haus führt. Oberhalb der letzten Häuser hält sich der teilweise gepflasterte und durch eine Mauer abgestützte, breite Weg zunächst entlang der Hangkante, entfernt sich jedoch bald ein wenig von dieser. An dieser Stelle zweigt links ein Pfad ab, der sich etwas oberhalb eines ausgetrockneten Wasserkanals hält. Auf diesem können wir zur schon von weitem sichtbaren **Ermita de Guadalupe** laufen. Oder wir halten uns rechts und gelangen zu einer Piste, auf der wir links abwärts ebenfalls die Ermita erreichen (3.30 Std.).

Vor dem kleinen Gotteshaus sehen wir rechts eine Tafel, die darauf hinweist, daß hier ein Naturschutzgebiet beginnt. Rechts neben der Tafel führt unser Wanderweg weiter. Er hält sich unterhalb einer steilen Felswand. Links von uns befindet sich die Fortsetzung des trockengefallenen Wasserkanals, den wir zuvor schon gesehen haben. Der Pfad orientiert sich zunächst an der Wasserleitung, quert diese aber bald und entfernt sich mit sanftem Abstieg nach links allmählich von ihr. Der Routenlauf ist hier an dem Felsen mit Opuntien und Agaven überwucherten Hang stellenweise etwas unübersichtlich. Als Orientierungshilfe kann ein schmales Wasserleitungsrohr dienen.

Aber auch von diesem entfernen wir uns später und laufen auf dem nun wieder deutlich erkennbaren, stellenweise gepflasterten Saumpfad bald steiler bergab, queren eine Palmengruppe und stehen nach 3.50 Std. im Talgrund des oberen Barranco de Argaga. Auf der anderen Seite laufen wir auf dem gut erkennbaren und überdies zu Beginn mit Steinmännchen markierten Saumpfad schräg bergan. Im oberen

Hangbereich, kurz nach Passieren einiger **Ruinen,** mündet rechts im spitzen Winkel ein schmalerer Pfad ein, der durch Steinmännchen markiert ist. Wir beachten ihn nicht. Kurz darauf stehen wir an einer **Felsscharte,** wo ein deutlich erkennbarer weißer Pfeil nach rechts weist (4.10 Std.).

Wir gehen durch die Scharte hindurch und blicken nun ins Valle Gran Rey hinunter. Hier finden wir die Fortsetzung unseres Saumpfades. Von jetzt an geht es recht steil bergab. Etwa 10 Min. später passieren wir einen kleinen **Palmenhain.** Rechts oberhalb des Weges befindet sich ein Ziegenstall. Später biegen wir um eine Felsnase, hinter der es vorübergehend ein wenig bergan geht. Nun können wir fast den gesamten oberen Bereich des Valle Gran Rey überblicken. Wiederum steigen wir steil bergab. Nach 4.40 Std. erreichen wir eine **Opuntienpflanzung,** durch die der Weg in Kurven abwärts führt.

In der Opuntienplantage gelangen wir an eine Gabelung. Hier halten wir uns rechts auf dem breiteren Weg. Wir laufen über einen weiteren Felssporn und halten dann auf einen Taleinschnitt zu. Bei zwei Häusern treffen wir auf einen Querweg (4.50 Std.), auf dem wir links gehen. Wir kommen an einem von Palmen und anderen exotischen Gewächsen umgebenen Anwesen vorbei. Bald darauf erreichen wir die Rückseite der **Ermita de los Reyes,** gehen an der Kapelle vorbei bis zu ihrem Vorplatz und weiter geradeaus in den Talgrund des **Barranco del Valle Gran Rey** (5 Std.). Unmittelbar im ausgetrockneten Bachgrund treffen wir auf eine breite Piste, auf der wir talabwärts zur Tankstelle von **Calera** gelangen (6 Std.).

Im Tal des Großen Königs

Von Arure nach Calera

Der Weg ins Tal des Großen Königs – ins Valle Gran Grey – führt vom Bergdorf Arure über karge Höhenrücken auf einem alten Serpentinenpfad hinab nach Calera, dem malerischen Zentrum des Valle und zum Strand von La Playa.

DIE WANDERUNG IN KÜRZE

+++
Anspruch

3 Std.
Gehzeit

850 m
Abstieg

Charakter: Zu Beginn breiter Fahrweg; später steiler, steiniger Serpentinenweg

Einkehrmöglichkeiten: In Calera und La Playa gibt es eine große Auswahl an Bars und Restaurants

Anfahrt: Mit dem Pkw: Am westlichen Ende der Carretera Dorsal (Höhenstraße) Richtung Arure abzweigen.

Oder von Valle Gran Rey talaufwärts bis Arure; **Mit dem Bus:** Linie 1 von Valle Gran Rey oder San Sebastián nach Arure. Rückfahrt von Calera oder La Playa mit Linie 1 nach San Sebastián

---

Ausgangspunkt ist die **Bar Conchita** an der Hauptstraße von Arure, wo es Parkbuchten gibt. Zunächst geht es auf der Straße durch den Ort abwärts. In einer Linkskurve zweigt rechter Hand ein breiter Fahrweg ab (5 Min.). Dort ist der »Mirador Ermita El Santo« ausgeschildert. Wir folgen der Piste etwa 100 m, gehen dann rechts einen gepflasterten Treppenweg hinauf und halten

uns unter dem Rundbogen eines Aquädukts hindurch. Der kurze Abstecher führt zu einer **Aussichtsplattform** (10 Min.) mit Blick auf das tief unten im Tal liegende Dorf Taguluche. An dem Mirador steht eine kleine, aus Naturstein gemauerte Kapelle, die **Ermita El Santo**.

Wir gehen zum Fahrweg zurück und folgen diesem weiter bergab an ein paar Häusern vorbei. Zur Linken

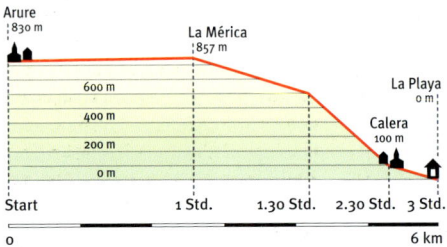

schaut man auf das grün schimmernde Wasser eines kleinen Stausees. Hinter dem Ort steigt der Fahrweg sanft an. Links biegt ein **schmalerer Weg** ab (15 Min.), den wir nicht beachten. Die Piste wechselt auf die nördliche Seite des Bergkamms und hält sich unterhalb einer Felswand. Nach 25 Gehminuten zweigt rechts, durch eine kleine Felspyramide markiert, ein schmaler Pfad Richtung Taguluche ab. Man bleibt jedoch auf dem Fahrweg, der noch etwas an Höhe gewinnt, um dann direkt auf dem Kamm des Bergrückens sanft abfallend auf einen Sattel zuzuhalten. An

dieser Stelle gab es einstmals ein paar kühn angelegte, aber längst aufgelassene Terrassenfelder, die durch einen schmalen, abgedeckten Kanal bewässert wurden, der heute trockenliegt.

Auf dem Sattel gabelt sich der Weg. Wir folgen der linken, mit einem **gelben »H«** und einer kleinen **Felspyramide** markierten Spur. 5 Min. später biegen wir rechts in einen **Treppenweg** ein, der wiederum mit dem gelben »H« markiert ist. Zudem weist ein Pfeil Richtung **VGR** (Valle Gran Rey). Wir befinden uns nun auf dem alten, noch streckenweise gepflasterten Verbindungsweg zwischen

Wohlverdiente Erfrischungsmöglichkeit: Der Strand von La Playa

Arure und den Küstendörfern des Valle Gran Rey und folgen diesem zunächst bergauf. Ein großer Ziegenstall wird passiert, dahinter blickt man nach links direkt hinab in den Hafen von Vueltas. Der Weg schlängelt sich nun an dem kargen, zerklüfteten Bergkamm entlang. Hier und da gedeihen ein paar niedrige Kiefern, ansonsten sind die Hänge lediglich von spärlicher Vegetation bedeckt. Zur Linken bieten sich immer schönere Ausblicke ins Valle.

Kühner wird nun die Wegführung an einer steilen Felswand entlang. Ein Bauer aus Arure nutzt eine riesige Höhle in der Wand als Unterstand für seine Ziegen. Waghalsig ist die Konstruktion des alten Wasserkanals, der parallel zum Weg verläuft. Er versorgte früher eine Kalkbrennerei auf der vor uns liegenden Hochfläche mit Wasser. Auf einem schmalen Pfad, der rechts abzweigt, kann man einen

kurzen Abstecher zum **Gipfel La Meríca** (850 m), einer von einer weißen Vermessungssäule gekrönten Felsnase, unternehmen (1 Std.). Hier treffen wir auf eine helle Gesteinsschicht, die den dunklen Fels überzieht. Es handelt sich um verfestigte, kalkhaltige Flugsande aus dem Pleistozän.

Wir gehen zum Hauptweg zurück und gelangen auf diesem auf die breite, zum Meer hin abfallende Hochfläche, wo zahlreiche aufgelassene Terrassenfelder von einst intensiver landwirtschaftlicher Nutzung zeugen. Heute dient die Fläche als Ziegenweide. Wir passieren die Mauerreste einiger Kalkbrennöfen, wo man früher die geringen Kalkvorkommen, die auf der Hochfläche zu finden sind, verarbeitete. Daneben steht die Ruine eines Hauses, der man trotz des schlechten Zustands ansieht, daß hier wohlhabende Leute gewohnt haben – vielleicht die Betreiber der Kalköfen.

Nachdem man die Hochebene gequert hat, geht es sanft bergab, auf die mit roten Ziegeln gedeckte **Ruine** eines langgestreckten Bauernhauses zu (1.20 Std.). Der kreisrunde, gepflasterte Dreschplatz links des Wegs ist noch gut erhalten. Doch wurde der Hof sichtlich schon vor Jahren verlassen. Am meerseitigen Rand der Hochfläche zweigt rechts ein Pfad hangparallel ab (1.30 Std.), den wir nicht beachten. Es geht geradeaus weiter, dem durch **Steinpyramiden** und **gelbe Punkte** markierten **Weg** folgend. Wir lassen die letzten Ackerterrassen hinter uns. Nun folgt ein in engen Serpentinen angelegter Steilabstieg.

Bis zu den nun erstmals sichtbaren Bananenfeldern des unteren Valle Gran Rey ist noch ein ordentliches Stück Weg zurückzulegen. Nachdem man schon längere Zeit gelaufen ist und die Häuser von Calera deutlich nähergerückt sind, zweigt rechts ein schmalerer, durch Steine verbarrikadierter Pfad ab (2.10 Std.), in den man nicht einbiegt, sondern stattdessen **links** den **gelben Markierungen** folgt.

Bald erreichen wir die ersten Häuser von **Calera** (2.30 Std.) und gleich darauf die obere Dorfstraße. Auf ihr wenden wir uns rechts, zwischen zwei wunderschön restaurierten kanarischen Häusern hindurch. Wir gelangen zu einer Gabelung, an der es nun nach links direkt zur Hauptstraße hinuntergeht, wo sich ein Taxistand befindet und der Bus nach Arure hält. Oder wir wenden uns nach rechts und schlendern noch ein wenig durch die malerischen Gassen von Calera. So oder so gelangen wir bald an die Hauptstraße, wo sich an einer Straßenga-

belung die moderne Kirche Los Santos Reyes erhebt. Nach rechts führt dort eine schmale, allerdings recht stark befahrene Straße durch Bananenplantagen in ca. 10 Gehminuten zum **Strand von La Playa**, wo man Geschäfte, Kneipen und an der **Bar María** eine weitere Bushaltestelle findet (3 Std.).

Der Große König

Der Guanchen-König Hupalupa plante im Jahr 1487, im heutigen Valle Gran Rey gemeinsam mit seinem Sohn die Ermordung des spanischen Inselherrschers Fernán Peraza el Joven (siehe Tour 2). Doch der Sohn wollte das Vorhaben an die Spanier verraten. Daraufhin wurde er von dem erbosten Vater erstochen. Für die Stammesangehörigen galt der König von nun an als Held, denn in ihren Augen hatte er seinen Sohn für das Wohlergehen des Volkes geopfert. Als schließlich ein Jahr später das Attentat auf den Inselgrafen erfolgreich durchgeführt wurde, galt Hupalupa seinen Stammesgenossen als Großer König (span. *Gran Rey*). Seither trägt das Tal diesen Namen.

Das **Valle Gran Rey** wurde in den 1960er Jahren als Mekka der Aussteigerbewegung bekannt. Junge Leute, vor allem aus Deutschland, quartierten sich in schlichten Unterkünften oder auch einfach in Höhlen hinter dem Strand ein und verbrachten ein paar unbeschwerte Wintermonate auf Gomera. Noch heute ist einiges von dem etwas verblaßten Hippie-Flair zu spüren, wenn auch mittlerweile immer mehr ›normale‹ Touristen ins Valle kommen.

Tour 15

Zur wilden Küste

Von Arure nach Taguluche

Der steile Abstieg zum Palmenort Taguluche erfordert Konzentration. Ziel ist der einsam vor den Brandungsklippen gelegene alte Bootsanleger des Ortes. Dann folgt ein langer Wiederanstieg nach Arure.

DIE WANDERUNG IN KÜRZE

+++
Anspruch

5 Std.
Gehzeit

850 m
An-/Abstieg

Charakter: Steile An- und Abstiege auf alten, steinigen Saumpfaden; Trittsicherheit und gute Kondition erforderlich

Einkehrmöglichkeiten: Keine

Anfahrt: Mit dem Pkw: Am westlichen Ende der Carretera Dorsal (Höhenstraße) Richtung Arure abzweigen.

Oder von Valle Gran Rey talaufwärts bis Arure. Ausgangspunkt ist die Bar Conchita an der Hauptstraße von Arure, wo es Parkbuchten gibt. **Mit dem Bus:** Linie 1 von San Sebastián oder Valle Gran Rey bis Arure. Die Bushaltestelle befindet sich an der Bar Conchita.

Zunächst geht es auf der Straße durch **Arure** abwärts. In einer Linkskurve am unteren Ortsrand zweigt rechter Hand ein breiter Fahrweg ab. Dort ist der »Mirador Ermita El Santo« ausgeschildert. Wir folgen der Piste etwa 100 m, gehen dann rechts einen gepflasterten Treppenweg hinauf und halten uns unter dem Rundbogen eines Aquädukts hindurch.

Nach 10 Min. stehen wir auf einer **Aussichtsplattform,** von der man bereits das tief unten im Tal liegende Dorf Taguluche erblickt.

An dem Mirador steht eine kleine, aus Naturstein gemauerte Kapelle, die **Ermita El Santo.** Dahinter halten wir uns weiter geradeaus auf einem lehmigen, zunächst hangparallel verlaufenden Pfad. Etwa 30 m hinter

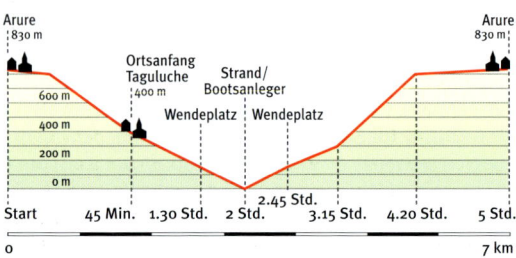

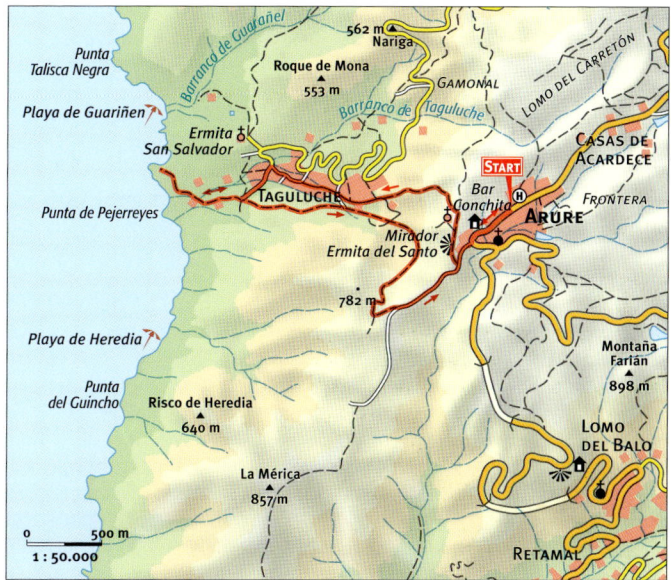

der Kapelle gabelt sich der Weg. Wir folgen dem mit Steinmännchen markierten Abzweig nach links.

Von nun an geht es recht steil bergab. Auf einer Felstreppe wird man zwischenzeitlich vielleicht sogar die Hände zu Hilfe nehmen müssen. Weiter unten ist der Weg teilweise recht verwachsen, und die Orientierung kann etwas schwierig sein, wird aber durch Steinmännchen erleichtert. Links begleitet uns in einigem Abstand eine Stromleitung. Nach 45 Min. erreichen wir das erste Haus von **Taguluche.** Wir passieren weitere Häuser und gehen stets geradeaus weiter. Fünf Minuten später gelangen wir an eine Gabelung, wo eine Informationstafel der Naturparkverwaltung steht. Dort halten wir uns rechts. Unser Pfad geht kurz darauf in einen breiteren Weg über, der von Straßenlaternen gesäumt abwärts führt. Nach 1 Std. mündet dieser Weg in eine querlaufende Piste. Geradeaus finden wir links von einem **Wasserbehälter** aus Beton einen Pfad, auf dem wir weiter abwärts laufen. Bald darauf stehen wir an einer Straße, der wir nach rechts folgen. Sie mündet in einer Kurve in eine breitere Straße, auf der wir bergab wandern. Schon etwa 100 m weiter zweigen wir links im spitzen Winkel auf einen breiten Fahrweg ab. Dieser endet bald. Nach rechts führt ein erst jüngst angelegter Treppenweg weiter, der später wieder in einen Fahrweg übergeht (Zum Zeitpunkt der Drucklegung dieses Buches war der Treppenweg noch im Bau und wird sicherlich in Zukunft weiter abwärts fortgeführt werden.).

An einem **Trafohaus** (1.15 Std.) beginnt eine Straße. Wir laufen jedoch rechts neben dem Haus bergab weiter, nun wiederum auf einem Treppenweg. Sobald sich dieser gabelt, gehen wir rechts und stehen wenige

Meter weiter auf einer Straße, der wir links folgen. Diese endet an einem **Wendeplatz** (1.30 Std.). Dahinter beginnen zwei Pflasterwege. Wir wählen den rechten, der in Treppenstufen abwärts führt. Er geht bald in einen steinigen Pfad über, der in steilen Kurven abwärts führt. Schließlich stehen wir im Grund eines kleinen Barrancos, wo unser Weg scheinbar endet. Ein Dickicht aus Schilfrohr versperrt den weiteren Weg. Man könnte jetzt durch den Talgrund weiter absteigen. Leichter ist es jedoch, sich links zu wenden und gleich darauf auf ein tiefergelegenes Terrassenfeld hinunterzusteigen.

Dort beginnt ein Pfad, der nach links hangparallel weiterführt. Nach etwa 20 m, nachdem man ein Haus zur Rechten halb umrundet hat, gabelt sich der Pfad. Hier gehen wir rechts und steigen im Bogen abwärts auf einem teilweise etwas zugewachsenen Pfad, um kurz darauf den Barrancogrund wieder zu erreichen. An dessen linker Flanke führt ein nun wieder deutlich erkennbarer Saumpfad abwärts.

Schon bald queren wir das Bachbett (1.50 Std.). Auf der gegenüberliegenden Seite setzt sich der Saumpfad fort. Hinter der nächsten Wegbiegung kommt der ehemalige Schiffsanleger von Taguluche in Sicht, eingebettet in eine grandiose Küstenlandschaft. Der Weg führt im Bogen, einen steilen Barranco querend, dorthin. Auf dem letzten Wegabschnitt ist eventuell eine gewisse Schwindelfreiheit erforderlich. Gegen Ende ist der Weg teilweise abgebrochen, dort ist besondere Vorsicht geboten! Nach 2 Std. stehen wir an dem **Bootsanleger,** wo wir der Brandung lauschen und das Spiel der Wellen beobachten können. Achtung, Baden ist hier lebensgefährlich! Wir laufen auf demselben Weg zurück zum **Wendeplatz** (2.45 Std.) und gehen auf der Straße etwa 30 m bergauf. Dort treffen wir rechter Hand auf eine Betontreppe, an der weiße Pfeile Richtung Arure weisen. Die Treppe setzt sich in einem Weg fort, der oberhalb von zwei Häusern, eines davon mit einem **offenen Wasserbecken,** aufwärts führt. Am Ende des zweiten Hauses verlassen wir den Weg und folgen der Beschriftung Richtung »Arure« steil bergauf auf einem undeutlichen Trampelpfad, der mit Steinmännchen markiert ist. Bald queren wir eine Wasserrohrleitung und laufen weiter aufwärts. Für längere Zeit geht es nun schräg zum Hang mit mäßiger aber steter Steigung weiter. Links fällt noch einmal der Blick auf Taguluche, das in einen Palmenhain eingebettet ist.

Wir nähern uns dem steinigen Talgrund eines Barranco, den wir kurz darauf queren (3.15 Std.), um unseren Weg auf der anderen Seite auf einem alten, durch Mauern abgestützten Saumpfad fortzuführen. Auf ihm überschreiten wir einen schmalen Bergrücken, hinter dem sich der Pfad vor einem zweiten, kleineren Barranco gabelt. Hier gehen wir rechts aufwärts. An der linken Flanke des mit Palmen bestandenen und terrassierten Bergrückens zwischen den beiden Tälern geht es recht steil bergan. Nach 3.30 Std. gelangen wir an ein Schild, das uns anzeigt, daß wir das **Naturdenkmal Lomo del Carretón** betreten. Einen fünf Minuten später zur Linken hangparallel abzweigenden, schmaleren Pfad ignorieren wir. Nach 3.50 Std. wendet sich der Weg, den oberen Teil eines Talgrunds querend, nach rechts und passiert danach ein ockerfarbenes Tuffgesteinsband sowie mehrere weitere kleine Einschnitte. Wir laufen auf eine schüttere **Kieferngruppe** zu und steigen dann neben einem rötlichen Gesteinsband etwas steiler bergan. Nach 4.15 Std. verlassen wir den Kiefernwald. Unser Weg schlängelt sich nun eine Steilwand empor. Nach weiteren 5 Minuten läßt die Steigung unvermittelt nach, und wir genießen nach rechts nochmals einen schönen Blick auf die bizarre Felsküste. Im Bogen geht es dann noch einmal sanft aufwärts. Voraus sehen wir hinter der Kurve den Ort Arure liegen, Anfangs- und Endpunkt unserer Wanderung. Auch die Ermita del Santo mit ihrer dunklen Natursteinfassade, an der wir auf dem Hinweg den Abstieg begonnen hatten, ist nun deutlich zu erkennen. Nach 4.50 Std. stehen wir auf einem breiten Fahrweg, dem wir nach links folgen. Nach 5 Std. ist die **Hauptstraße von Arure** und damit der Ausgangspunkt erreicht.

Geduldiges Last- und Arbeitstier bei Taguluche

Tour 16

Genußwandern in den Bergen

Von Arure über die Cañada de Jorge nach Las Hayas

Ohne größere Höhenunterschiede wandert man durch liebliche Landschaften zwischen Aurure und Las Hayas. Ein Abstecher führt ins Gebiet des Nationalparks mit seinem unvergleichlichen Lorbeerwald.

DIE WANDERUNG IN KÜRZE

++
Anspruch

5 Std.
Gehzeit

350 m
An-/Abstieg

Charakter: Breite Feld- und Waldwege mit mäßigem Gefälle

Einkehrmöglichkeiten: Bar La Montaña (Casa Efigenia) und Restaurant Amparo in Las Hayas; Bar Conchita in Arure

Anfahrt: Mit dem Pkw: Von San Sebastián oder Santiago über die Carretera Dorsal (Höhenstraße) oder von Hermigua über Vallehermoso auf der Carretera del Norte bis zur Gabelung Apartacaminos. Dort Richtung Valle Gran Rey abzweigen. Ausgangspunkt ist die Straßengabelung am unteren Ortsrand von Arure, wo die Nebenstrecke Richtung Las Hayas von der Hauptverbindung zum Valle Gran Rey abzweigt. In der Nähe gibt es bei der kleinen Kirche von Arure in beschränktem Umfang Parkmöglichkeiten. Alternativ dazu parkt man im Zentrum Arure gegenüber der Bar Conchita und läuft ca. 10 Min. auf der Straße abwärts bis zum Ausgangspunkt. **Mit dem Bus:** Linie 1 von San Sebastián bzw. Valle Gran Rey bis Arure. Die Haltestelle befindet sich bei der Bar Conchita (s. o.).

In **Arure** folgen wir der Straße Richtung Las Hayas aufwärts bis zu der Staumauer eines kleinen **Wasserrückhaltebeckens.** Hier zweigt links ein gepflasterter breiter Weg ab, auf dem wir die Staumauer unterhalb passieren. Jenseits des Bachbetts stehen mehrere Häuser; wir achten ganz besonders auf das alte Bruchsteinhaus, das sich unmittelbar oberhalb der Staumauer erhebt. Genau rechts von ihm finden wir den

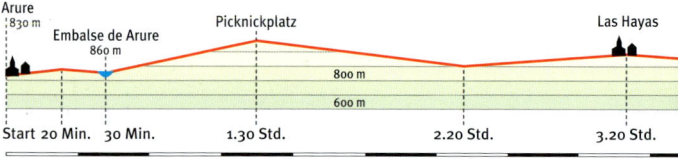

0

Einstieg in unseren Wanderweg. Er ist durch eine winzige Felspyramide markiert. Über nackten Fels geht es aufwärts bis zu einer Verflachung auf dem Bergrücken oberhalb der Häuser (10 Min.). Am oberen Rand dieser Fläche beginnen zwei deutliche Trampelpfade. Wir wählen nicht den linken, der an der Kante des Bergrückens entlangführt, sondern halten uns auf der rechten Spur aufwärts auf eine kleine Palme zu. Im weiteren Verlauf wird der Weg teilweise von Agaven gesäumt. Er strebt einem auffälligen **Strommasten** zu. Diesen passieren wir nach 20 Min. Der Weg verläuft hier durch niedriges Gebüsch, das vorwiegend aus Zistrosen besteht, die in den späten Wintermonaten üppig blühen. Es geht nun zu einem **Sattel** hinunter, an dem der Pfad in einen breiten Lehmweg übergeht. Auf diesem geht es geradeaus weiter. Er führt, das Tal des Barranco de Arure und jenseits davon die Häuser des oberen Ortsteils von Arure zur Linken, an der Flanke des Bergrückens auf die Staumauer des **Embalse de Arure** zu, die wir nach 30 Min. erreichen. Wir gehen geradeaus weiter. Der Weg verläuft nun oberhalb des Stausees, quert an dessen oberem Ende den Talgrund und trifft dort auf einen weiteren Fahrweg, dem wir nach rechts folgen. Etwa 50 m weiter kommen wir an eine Gabelung (45 Min.). Die Nationalparkverwaltung hat hier Hinweistafeln angebracht. Wir halten uns links aufwärts Richtung B. N. Garajonay (Jorge). Durch Buschland geht es nun langsam aber stetig aufwärts. Eine Abzweigung nach links durch ein Eisentor führt lediglich zu einem privaten Anwesen. Wir beachten sie nicht.

Im Tal von Arure

Nach 1 Std. endet die Piste. Rechts führt ein breiter Wanderweg weiter. Wenig später kommen wir an eine Tafel, die den Beginn des **Nationalparks Garajonay** markiert. Hier tritt der Weg recht unvermittelt in dichten schattigen Lorbeerwald ein. Fünf Minuten später gelangen wir an eine Gabelung. Hier werden wir später von links wieder herunterkommen, gehen aber zunächst rechts Richtung **Cañada de Jorge.** Die gleichnamige, durch eine Tafel markierte Stelle ist nur ca. 300 m entfernt. Hier befand sich früher ein kleiner Picknickplatz, an den nur noch ein Abfallbehälter erinnert. Geradeaus geht es weiter, zunächst an

der linken Seite eines ausgetrockneten Bachbettes entlang. Aber schon nach etwa 10 m gabelt sich der Pfad. Eine kleine Steinpyramide markiert diese Stelle. Wir verlassen das Bachbett und gehen links aufwärts. Der Pfad windet sich – zunächst weiterhin durch dichten Wald – einen Bergrücken hinauf. Je höher man kommt, um so trockener wird der Standort. Der Bewuchs lichtet sich und immer öfter mischt sich die widerstandsfähige Baumheide unter die feuchtigkeitsliebenden Pflanzen des Lorbeerwaldes. Nach 1.30 Std. stehen wir dann an dem kleinen **Picknickplatz Raso de la Bruma** und damit an der **Höhenstraße.** Auf dieser gehen wir nach links, bis wir knapp zehn Minuten später am rechten Straßenrand eine Tafel mit der Aufschrift »Cañada de Jorge/Arure« mit einem nach links weisenden Pfeil sehen. Etwa 100 m weiter zweigt die Fortsetzung unseres Wanderwegs links in den Lorbeerwald hinein ab. Eine Kette versperrt PKWs die Einfahrt in den Forstweg, doch Fußgänger können passieren. Ganz allmählich geht es auf weichem Waldboden bergab bis zu der **Gabelung** (2 Std.), wo wir auf dem Hinweg Richtung Cañada de Jorge gegangen waren. Jetzt halten wir uns rechts (Beschilderung Arure).

Auf dem schon bekannten Weg verlassen wir bald darauf den Lorbeerwald und laufen abwärts bis zur Pistengabelung im Tal des **Barranco de Arure** (2.20 Std.), wo wir nun links der Beschilderung Richtung B. N. Garajonay (Las Creces) folgen. Fünf Minuten später zweigt links ein Feldweg ab, den wir nicht beachten. Nach ca. 50 m kommen wir an eine weitere Gabelung, wo wir links gehen. Linker Hand begleitet uns nun eine kleine Talmulde, die mit Palmen und Eßkastanienbäumen bepflanzt ist.

Nach Passieren eines **Bauernhauses** geht die Piste in einen breiten Fußweg über, der – nun wieder im Barranco de Arure – gemächlich talaufwärts führt. Wir passieren einige Weinberge und kommen an einem weiteren Haus vorbei (2.45 Std.). Dahinter führt der Weg, der sich inzwischen wieder zur Fahrspur verbreitert hat, in den Wald hinein. Dort zweigen in einer Rechtskurve linker Hand zwei Pfade ab, von denen einer mit Steinpyramiden markiert und mit »B. N. Garajonay (Las Creces)« beschildert ist. Beide beachten wir nicht. Statt dessen folgen wir weiter

dem breiten Fahrweg rechts aufwärts.

Schon bald tritt dieser wieder aus dem Wald heraus, und wir blicken nach rechts hinab in den malerischen Barranco de Arure, durch den wir hinaufgestiegen sind. Wir passieren die Kette, die Fahrzeugen den Weg versperren soll, und steigen dann durch Buschwald aufwärts bis zu einer T-förmigen **Einmündung** (3 Std.). Hier wenden wir uns nach links, wo wir wenige Minuten später zu einem **Sattel** gelangen und nun den kleinen Ort Las Hayas schon vor uns sehen. Wir laufen in eine Senke hinunter, wo von rechts ein Weg mündet, den wir nicht beachten. Sanft ansteigend geht es dann auf die Häuser von Las Hayas zu. Nach 3.15 Std. erreichen wir eine Straße, auf der wir geradeaus weitergehen. Kurz darauf mündet die Straße in die Hauptstrecke, die von Arure nach Las Hayas heraufkommt. Wenn wir nun links gehen, stehen wir nach insgesamt 3.20 Std. Gehzeit im Zentrum von **Las Hayas,** wo wir in der Bar La Montaña (Casa Efigenia), die sich rechter Hand zwischen einigen riesigen Eukalyptusbäumen verbirgt, einkehren können. Eine Alternative ist das Restaurant Amparo (eine Straßenkurve weiter, ebenfalls auf der rechten Seite). Anschließend laufen wir zurück ins Tal des Barranco de Arure, dem wir nun abwärts folgen bis zum gleichnamigen Stausee und weiter zum Ausgangspunkt in **Arure** (5 Std.).

Wer mag, kann auf dem Rückweg vom Embalse de Arure direkt zur Hauptstraße hinaufgehen und dieser nach links in den Ort hinein folgen. Dann besteht Einkehrmöglichkeit in der Bar Conchita (10 Gehminuten ab Stausee), wo auch der Bus hält.

Zu den Zauberquellen

Von Vallehermoso nach Epina

Ein steiler Saumpfad führt zu den Chorros de Epina, Quellen, denen Wunderkräfte nachgesagt werden. Stille Waldwege am Rand des Nationalparks und ein malerisches fotogenes Dorf sind weitere Ziele dieser Wanderung.

DIE WANDERUNG IN KÜRZE

+++
Anspruch

6 Std.
Gehzeit

650 m
An-/Abstieg

Charakter: Steiler Anstieg auf steinigem Pfad, weiter auf einer breiten Waldpiste und später auf einer schmalen, kaum befahrenen Straße

Einkehrmöglichkeiten: Restaurant Chorros de Epina

Anfahrt: Mit dem Pkw: Auf der Carretera del Norte bis Vallehermoso. Parkmöglichkeiten in der Nähe der Plaza de la Constitución; **Mit dem Bus:** Linie 3 von San Sebastián nach Vallehermoso, viermal täglich

Ausgangspunkt ist die zentrale **Plaza de la Constitución** in **Vallehermoso**, in deren Mitte sich ein Springbrunnen mit einer modernen Skulptur befindet. Von deren Nordrand halten wir uns auf einer schmalen Straße aufwärts, vorbei an der »Hamburgueseria Iballa«. Nach etwa 100 m gelangen wir an einen Treppenweg, der die Straße quert. Auf ihm gehen wir links, steil aufwärts. Kurz darauf überqueren wir die Hauptstraße Richtung Valle Gran Rey und steigen auf dem Treppenweg weiter an, der sich nach wenigen Metern gabelt. Wir halten uns links. Wir berühren noch einmal kurz die Straße. Dann laufen wir in Serpentinen aufwärts, wobei wir stets dem breiten **Betonweg** folgen. Wir gelangen zu einem etwas abseits der übrigen Bebauung stehenden

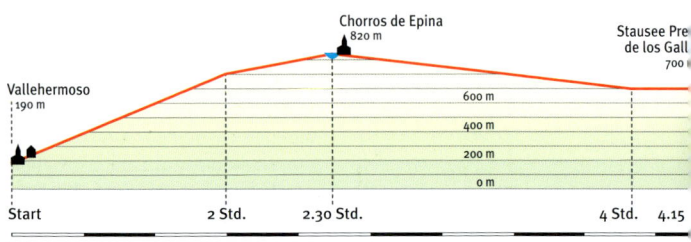

Chorros de Epina
820 m

Stausee Pre
de los Gall
700

Vallehermoso
190 m

600 m

400 m

200 m

0 m

Start   2 Std.   2.30 Std.   4 Std.   4.15

0

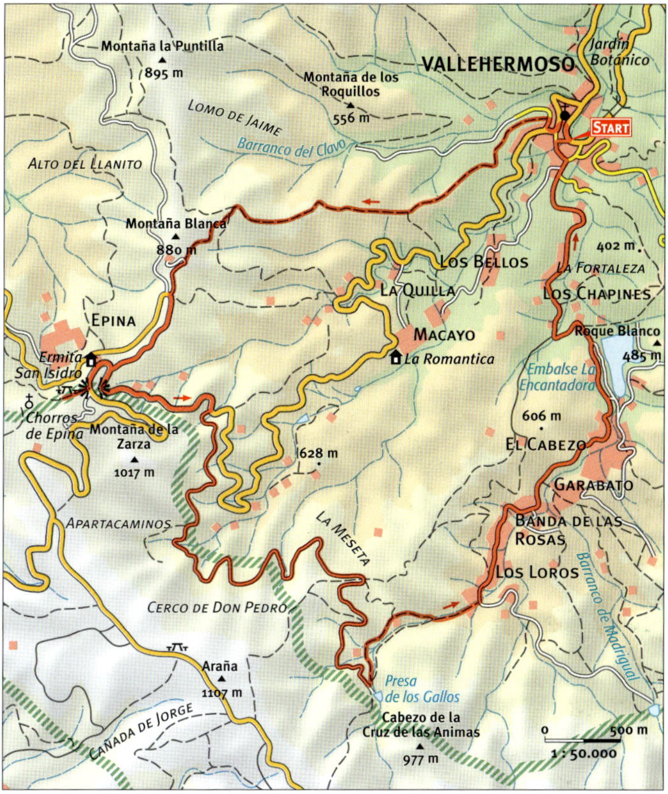

Haus (10 Min.), an dem der Betonweg endet. Dort geht es hangaufwärts auf einem Pfad weiter, der sich
zunächst entlang eines Zaunes oberhalb des Hauses hält und sich dann
bald als breiter ehemaliger Verbin-

dungsweg zu erkennen gibt. An einem Bergrücken entlang geht es aufwärts, wobei wir rechts tief hinunter
in den Barranco del Clavo mit seinen
Terrassenkulturen und Palmenpflanzungen schauen. Direkt voraus sehen wir das Teselinde-Massiv mit einem Sendemast.

Etwa zehn Minuten später wechselt der Weg auf die andere Seite
des Bergrückens. Wir schauen nun
auf Vallehermoso und den dahinter-
liegenden Roque El Cano. Später
blicken wir dann noch einmal nach
rechts in ein kleineres Seitental des
Barranco del Clavo, bevor der Weg
kurz darauf wieder auf die linke Sei-

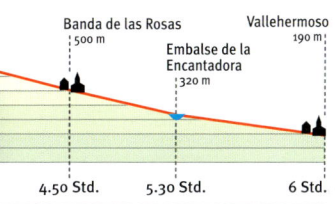

87

te des Bergrückens wechselt und an dessen Flanke weiterhin steil ansteigt. Nach 1.10 Std. Gehzeit sehen wir am linken Wegrand einen **auffälligen Felsen**. Man kann ihn leicht erklimmen, oben ein wenig verweilen und die Aussicht in die vielen schmalen Täler oberhalb von Vallehermoso genießen.

Es folgt ein weiterer steiler Anstieg, bis wir nach 2 Std. auf eine T-förmige **Einmündung in einen Forstweg** treffen. Auf diesem gehen wir links. Wir sehen nun direkt vor uns auf einer Anhöhe den Sendemast, den wir zuvor schon von weitem erblickt hatten. Unser Weg führt unterhalb der Anlage am Hang entlang, verbreitert sich zur Piste und trifft bald darauf auf einen asphaltierten Fahrweg. Diesem folgen wir nach links, bis fünf Minuten später die **Straße** erreicht ist, die von Epina nach Alojera führt. Auf ihr gehen wir wiederum links. Von unten sehen wir bald die Hauptstraße von Vallehermoso heraufkommen, die ins Valle Gran Rey führt. Auf sie treffen wir nach 2.20 Std. Gehzeit. Wer einkehren möchte, kann sich nun rechts halten, wo sich hinter der nächsten Straßenkurve das **Aussichtslokal Chorros de Epina** befindet.

Von hier aus ist es nur ein kurzes Stück zu den gleichnamigen Quellen, auf die oberhalb des Restaurants an der Hauptstraße ein Schild hinweist. Nach wenigen Metern ist dort die **Ermita San Isidro** erreicht, vor der rechts ein Pfad abwärts zu den verschwiegen im Wald gelegenen Quellen von Epina führt. Ausgehöhlte Baumstämme transportieren das Wasser, von dem einheimische Ausflügler gern trinken und behaupten, es verleihe Hexenkräfte, wäre gut für das Eheglück und für die Gesundheit. Dies ist auch ein

schöner Picknickplatz, es gibt ein paar Tische und Bänke.

Um die Wanderung fortzusetzen, folgt man der Straße Richtung Vallehermoso bergab. Bei guter Sicht erblickt man voraus die Nachbarinsel Teneriffa mit dem Teide, dem höchsten Berg Spaniens. Nach 2.40 Std. biegen wir rechts in eine Piste ein, die mit »Camino Forestal La Meseta« beschildert ist. Diese verläuft ohne größere Steigungen oder Abstiege in etwa 700 m Höhe am Nordabhang der Insel entlang und führt dabei in zahlreichen Kurven durch die kleinen Barrancos, in die sich das breite Tal von Vallehermoso im oberen Bereich gabelt. Nach links bieten sich stets wechselnde Ausblicke, während rechts am Wegrand verschiedene Dickblattgewächse der Gattung Aeonium die Aufmerksamkeit auf sich ziehen.

Einen schmaleren Weg, der nach 3 Std. rechts abzweigt, ignorieren wir. Nachdem die Piste bislang durch freies Gelände verlaufen ist, befinden wir uns am unteren Rand des Lorbeerwaldes, der die Hänge über uns lückenlos bedeckt. Wir passieren einen dicht mit hohen Lorbeerbäumen bestandenen **Taleinschnitt** (3.10 Std.), in dem sich mächtige Felsen auftürmen. Kurz darauf kommen wir an einer einsamen Finca vorbei. Den Weg, der hinter der nächsten Kurve im spitzen Winkel dorthin abzweigt, beachten wir nicht. Noch eine Kurve weiter verbirgt sich im Schatten eines üppigen Gebüschs ein gefäßtes Quellbecken, in das sich das ganze Jahr über ein kleiner Wasserfall ergießt. Eine weitere feuchte, mit uralten Baumriesen bestandene Talmulde, in die Wasser von einer steilen Felswand hinabrinnt, passieren wir nach 3.30 Std. Die vielen kleinen Taleinschnitte ver-

Banda de las Rosas

einigen sich tief unter uns zum Barranco de Macayo, durch den die Carretera del Norte verläuft.

Wir verlassen, nachdem wir einen Bergrücken umrundet haben und uns wieder in offenerem Gelände befinden, den unmittelbaren Einzugsbereich dieses Tals und sehen vor uns nun einen weiteren Bergrücken, der sich bis Vallehermoso hinunterzieht. Ein schon von weitem deutlich sichtbarer **Sattel** auf diesem Rücken ist nach 4 Std. erreicht. Hier be-

schreibt die Piste eine enge Rechtskurve. Rechts zweigt an dieser Stelle ein schmaler, mit »Carretera dorsal« beschilderter Pfad ab. Links, also im Scheitelpunkt der Kurve, biegen zwei weitere Trampelpfade ab. Wir aber bleiben auf der Piste und sehen hinten im Tal schon unser nächstes Ziel, die Staumauer der Presa de los Gallos. Nach 4.15 Std. endet die Piste unterhalb der **Staumauer** an einem Wasserbehälter aus Beton.

Vor diesem folgen wir einem Pfad nach links durch den Talgrund. Er führt etwa 50 m durch steiniges Gelände steil bergab bis zu einigen Terrassenfeldern, die von Bruchsteinmauern abgestützt sind. Unmittelbar vor dem ersten Feld wenden wir uns links aufwärts, gehen also nicht im Bachbett weiter! Wir treffen schon nach wenigen Metern auf einen Trampelpfad, der uns oberhalb der Felder am Talhang entlang weiterleitet. Bei **zwei majestätischen Palmen** (4.30 Std.), die, wie man an dem Metallring am Stamm, der gegen hungrige Mäuse und Ratten schützen soll, erkennen kann, für die Palmhoniggewinnung genutzt werden, gabelt sich der Pfad. Wir bleiben links auf der mehr oder weniger hangparallel weiterführenden Spur. Der Talgrund zu unserer Rechten wird von Terrassenkulturen eingenommen. Unseren Weg jedoch säumt karges Gestrüpp, wobei vor allem die Agaven mit ihren spitzen fleischigen Blättern auffallen, die nur einmal in ihrem Pflanzenleben einen riesigen Blütenstand treiben. Nachdem unser Weg vorübergehend schon recht hoch über dem Talgrund verlief, geht es nun in einigen Serpentinen zu diesem hinab. Wenig später treffen wir auf eine **Piste** (4.45 Std.). Auf dieser wandern wir geradeaus durch das Tal weiter, gehen also nicht rechts über die Brücke hinüber.

Fünf Minuten später sind die ersten Häuser des **Weilers Banda de las Rosas** erreicht, wo die Piste in eine schmale asphaltierte Straße übergeht. Auf dieser laufen wir durch den kleinen malerischen Ort weiter, in dem einerseits viele schöne blumengeschmückte Häuser auffallen, neben denen andererseits auch zahlreiche verlassene Bauern-

katen stehen, die oft nur noch als Ruinen erhalten sind. Der aufmerksame Beobachter wird hier lohnende Fotomotive finden. 20 Minuten später verlassen wir den Ortskern und laufen weiter auf der Straße talabwärts, den palmenbestandenen Talgrund rechter Hand. Später kommen wir wieder an einigen **Häusern** vorbei (5.20 Std.), Orangenplantagen säumen den Weg. Bald darauf liegt rechts unter uns die Wasserfläche des Embalse de la Encantadora, auf der sich Bläßhühner und Möwen tummeln. Die **Staumauer** des Sees passieren wir nach 5.30 Std. Gleich darauf sehen wir jenseits des Tales wieder den markanten Roque El Cano aufragen. Weit unten erkennen wir unser Ziel, den Ortskern von Vallehermoso. Um dorthin zu gelangen, müssen wir allerdings noch ein kleines Seitental umrunden und uns dann auf der holprigen Straße weiter abwärts durch das immer breiter werdende Tal des Barranco de Madrigual halten. Neben den Orangenbäumen können wir nun hier und da auch tropische Kulturen, wie Bananen oder Papayas, entdecken. Auf manchen Hausdächern liegen in den Wintermonaten Kürbisse, die unreif geerntet wurden und auf diese Weise dank der Wärme des Sonnenlichts ein paar Wochen früher zum Verzehr geeignet sind. Eine zur Linken aufwärts führende Betonstraße (5.50 Std.) beachten wir nicht. Fünf Minuten später erreichen wir den geschlossenen Ortskern von Vallehermoso und biegen kurz darauf am Kiosko Garajonay, auf dessen netter Gartenterrasse man vielleicht noch eine Pause einlegen kann, links ab, um nach 6 Std. wieder am Ausgangspunkt, der zentralen **Plaza von Vallehermoso** zu stehen.

Windgepeitschte Einsamkeit

Von Vallehermoso auf die Cumbre Chigueré

Durch den Barranco de la Era Nueva steigt von Vallehermoso ein alter Saumpfad hinauf zum kargen Bergrücken der Cumbre de Chigueré. Weiter geht es zum Aussichtspunkt Buenavista mit Blick über die Nordküste und steil hinab zur Playa de Vallehermoso.

DIE WANDERUNG IN KÜRZE

++
Anspruch

5 Std.
Gehzeit

700 km
An-/Abstieg

Charakter: Steile Saumpfade, z. T. breiter Feldweg

Einkehrmöglichkeiten: Im Sommer öffnet eine Bar an der Playa de Vallehermoso (Mo geschl.)

Anfahrt: Mit dem PKW: Auf der Carretera del Norte bis Vallehermoso. Im Ortszentrum gibt es rund um die Plaza de la Concepción Parkmöglichkeiten. **Mit dem Bus:** Linie 3 von San Sebastián über Hermigua und Agulo nach Vallehermoso. Nach Valle Gran Rey besteht kein direkter Busanschluß!

Hinweis: Der Jardín Botánico (Botanischer Garten von Gomera) ist stets zugänglich.

Ausgangspunkt ist die zentrale **Plaza von Vallehermoso.** Der Beginn der Wanderung entspricht dem von Tour 17. Auf der Hauptstraße wenden wir uns nach rechts und verlassen diese in der nächsten Rechtskurve vor dem **Gebäude der Guardia Civil** geradeaus auf einem asphaltierten Fahrweg. Gleich darauf gelangen wir hinter einem Wasserbecken an eine Gabelung. Rechts weist eine Holztafel Richtung »Santa Clara«. Ein breiter betonierter Weg führt uns zum Friedhof des Ortes, vor dem wir rechts auf einen gepflasterten Saumpfad treffen, dem wir, einen Barranco kurz darauf auf einer Brücke querend, folgen. Wenig später gabelt sich der Weg. Wir gehen rechts auf dem breiteren Weg weiter. Er führt uns links an einer Fin-

ca vorbei, wo Obst verkauft wird. Gleich oberhalb der letzten Häuser kommen wir an eine Kreuzung, wo wir geradeaus weitergehen. Unser Weg hält sich an der Flanke des Barranco de la Era Nueva und führt sanft bergan. Mehrere schmale Pfade, die links Richtung Talgrund abzweigen, ignorieren wir. Nach 40 Min. gehen wir rechts an einem einsam stehenden Natursteinhaus vorbei. Wenig später passieren wir ein großes betoniertes Wasserbecken. Dann führt der Weg in den immer schmaler werdenden Talgrund hinein, der dicht mit Schilfrohr und Wolfsmilchgewächsen überwuchert ist. Nach starken Regenfällen kann es hier zuweilen auch etwas naß werden. Im oberen Bereich gabelt sich der Barranco (1 Std.). Wir steigen auf den Bergrücken hinauf, der sich zwischen den beiden Tälern erstreckt, und treffen dort gleich darauf auf eine Gabelung, wo wir rechts weitergehen. In Serpentinen geht es durch übermannshohes Gebüsch bergauf. Nach 1.30 Std. läßt die Steigung nach, und wir laufen hangparallel weiter. Rechts können wir nun in den Barranco de los Guanches schauen. Der Weg hält sich an der Flanke des Teselinde (876 m), der sich für uns unsichtbar links von uns erhebt. Nach 1.45 Std. stehen wir dann auf der Cumbre de Chigueré. Auf der gegenüberliegenden Seite blicken wir zur Küste bei Arguamul hinunter. Wir wenden uns rechts, wo sich die **Ermita Santa Clara** erhebt.

Die kleine Kapelle steht auf einem Bergsattel. Zum Meer hin sehen wir den tief unter uns liegenden Ort Arguamul. Ein breiter Weg führt rechts der Ermita, am Ostrand der Cumbre entlang, sanft bergab. Locker ist der Hang hier mit Baumheide und niedrigem Lorbeergebüsch bewachsen, hin und wieder sieht man auch ein paar Terrassenfelder. Der Kanaren-Beifuß mit seinen mattgrünen, feingefiederten Blättern verströmt einen kräftigen Geruch. Hier und da erhebt sich am Wegrand eine Kanaren-Stechpalme mit ihren auffallend roten Früchten. Auf der anderen Talseite hängen oft dunkle Wolken über den undurchdringlichen Wäldern

des Inselzentrums, während auf der Cumbre de Chigueré meist noch die Sonne scheint.

Nach 10 Gehminuten zweigt rechts, markiert durch eine kleine Steinpyramide, ein stark zugewachsener Weg ab, den wir unbeachtet lassen. Wenig später passiert man ein winziges, einsam gelegenes Bauernhaus. Sorgsam werden hier kleine Terrassenfelder bestellt. Von nun an, da sich der Weg allmählich dem Meer nähert, wird die Vegetation immer dünner. Die Erosion hat schon kräftig an dem steilen Bergkamm genagt und sehenswerte, kräftig rot, ockergelb oder grau gefärbte Gesteinsformationen geschaffen. Der Weg verläuft jetzt genau auf dem Kamm, und der Blick schweift weit nach Nordwesten über das Meer bis zur Nachbarinsel La Palma. Ein kleiner Grillplatz wird passiert, den die Einheimischen am Wochenende gerne zum Picknick aufsuchen. Gleich darauf erblickt man die **Ermita de la Virgen de Guadalupe,** zu der der Weg nun hinabführt (2.20 Std.). Die winzige, der Inselheiligen geweihte Kapelle wurde in völlig einsamer Landschaft erbaut. 1985 stiftete ein Gomero, der nach Venezuela emigriert und dort zu Wohlstand gekommen war, das Geld für den Bau.

Der Weg verliert immer mehr an Höhe. Zur Linken kommen die wenigen Häuser des Weilers Chigueré in

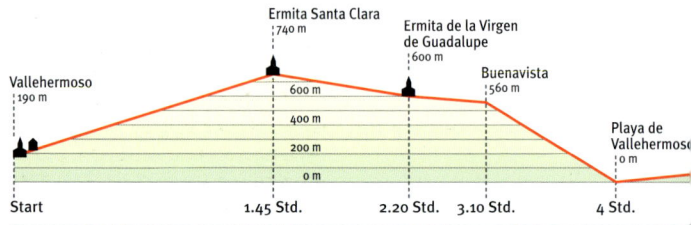

Sicht. Zwischen aufgelassenen Feldern stehen dort, von Palmen beschattet, ein paar ehemalige Bauernhäuser.

Nach 2.30 Std. bietet sich links ein **Abstecher nach Chigueré** an. Hier zweigt ein breiter Fahrweg ab, auf dem wir in nördlicher Richtung laufen. Fünf Minuten später stehen wir bei den wenigen, längst verlassenen Häusern, die mit ihren Natursteinfassaden perfekt in die Landschaft eingepaßt sind. Sie werden von einigen Bäumen überragt. Wir gehen zum höchstgelegenen der Häuser hinauf und halten uns dort rechts, einem Felskamm folgend. Unser Ziel ist der nächste, etwas tiefergelegene Bergrücken, der von unserem Standort durch eine Talmulde getrennt ist, in der wir aufgelassene Terrassenfelder erkennen. Wir verlassen unseren Felskamm etwa 30 m nach dem Haus und halten uns auf einem undeutlichen Trampelpfad schräg

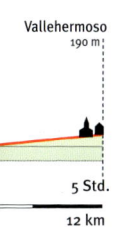

Vallehermoso
190 m

5 Std.

12 km

Blick auf die Cumbre Chigueré

hangabwärts, das Meer vor Augen. Der Pfad quert die Talmulde, wobei unregelmäßige grüne Farbflecken bei der Orientierung helfen. Schließlich ist der gegenüberliegende **Bergrücken** erreicht (2.40 Std.), und wir blicken auf den Roque de los Órganos, der sich unter uns an der Nordküste erhebt. Gegenüber von der Abzweigung nach Chigueré lohnt, markiert durch eine auffällige Felspyramide, ein kurzer Abstecher auf einen südlich der Hauptpiste gelegenen Bergrücken, wo man einen hervorragenden Blick über den unteren Talbereich von Vallehermoso hinweg über die Nordküste Gomeras bis hin zur Nachbarinsel Teneriffa genießt. Der Pfad setzt sich auf dem Kamm entlang fort, über zwei weitere, mit großen Felspyramiden markierte Aussichtsstellen hinweg. Weglos geht es anschließend über einen von der Erosion stark in Mitleidenschaft gezogenen Hang aus weichem Tuffgestein, bis man schließlich nach 2.50 Std. wieder auf die Piste trifft.

Die einzigen größeren Pflanzen in dieser Einöde sind ein paar Exemplare des Phönizischen Wacholders. Die dunkelgrünen Büsche werden durch Wind und Viehverbiß in einen polsterförmigen Wuchs gedrängt. Den Wegrand säumen Strauchige Kanaren-Margeriten mit ihrer Fülle weißer Blüten, die in Mitteleuropa gerne als Balkonpflanzen gezogen werden.

Eine durch Felsbrocken verbarrikadierte Abzweigung zur Rechten läßt man unbeachtet und blickt hinter der nächsten Kurve ins Tal von Vallehermoso. In einer Senke zweigt rechts ein durch zwei Felspyramiden markierter Pfad ab, den wir uns für

den Weiterweg merken. Zunächst steigen wir jedoch noch die wenigen Meter zum Aussichtspunkt Buenavista geradeaus auf der Piste weiter bis zu deren Ende und stehen dann unvermittelt hoch über der schroffen Nordküste Gomeras auf dem Aussichtspunkt **Buenavista** (3.10 Std.). Dort öffnet sich ein schöner Blick über die steilen, unzugänglichen Klippen östlich von Vallehermoso und auf die gegenüberliegende Insel Teneriffa.

Es ist unmöglich, geradeaus weiterzugehen. Nahezu senkrecht fallen die Klippen zum Meer hinunter. Doch nach links führt an der Steilkante ein schmaler, kaum auszumachender Pfad zu einer Steinpyramide hinab. In deren Nähe erhebt sich ein besonders schönes Wacholderexemplar, das von dem hier oft recht kräftig wehenden Nordostpassat arg

verbogen ist. Der Stamm des uralten Baums scheint geradezu über den Boden zu kriechen. Wer Lust hat, kann dem Pfad noch weiter abwärts folgen, doch ist bei derartigen Erkundungstouren wegen des rutschigen Gesteins Vorsicht geboten. Besser steigt man wieder zum Aussichtspunkt hinauf. Anschließend gehen wir die etwa 100 m bis zur Abzweigung des Pfades zurück und schlagen diesen bergab ein. Bald kommt zur Rechten Vallehermoso in Sicht, links davon erhebt sich der markante Roque El Cano.

Der Pfad hält sich zunächst auf dem äußeren, zum Meer hin gelegenen Kamm, der ins Tal von Vallehermoso absteigt, quert dann nach rechts eine Talmulde und führt auf einem weiteren Bergrücken bergab. Im unteren Hangbereich laufen wir im Grund eines felsigen Bar-

rancos, um nach 3.50 Std. zunächst auf einem von einem Geländer gesäumten Fußweg zu treffen, auf dem wir links abwärts gehen. Kurz darauf stehen wir auf einer Straße. Wir können uns zunächst nach links wenden, wo wir nach 4 Std. die **Playa de Vallehermoso** erreichen. Dort befindet sich eine große, gut ausgestattete Badeanlage, die allerdings nur im Sommer in Betrieb ist. Das Baden am Strand selbst ist gefährlich!

Wir laufen nun die Straße wieder aufwärts, passieren das Ortsschild von **Vallehermoso** (4.30 Std.) und passieren kurz darauf den Botanischen Garten von Gomera. Nach Erreichen des Ortes halten wir uns auf der Straße weiter geradeaus und stehen nach etwa 5 Std. an unserem Ausgangspunkt, der **zentralen Plaza.**

Ein gewaltiger Felsen

Von Vallehermoso zum Roque El Cano

Von Vallehermoso wandert man durch ein fruchtbares, von Bananen bestandenes Tal zum Weiler El Tión hoch über dem Stausee El Garbato. Ein alter Verbindungsweg führt dann an der sonnigen Flanke eines Höhenrückens zum Fuß des imposanten Roque El Cano.

DIE WANDERUNG IN KÜRZE

+++
Anspruch

3.30 Std.
Gehzeit

600 m
An-/Abstieg

Charakter: Breite Feldwege und steinige, steile Pfade

Einkehrmöglichkeiten: Bodegón Roque Blanco oberhalb El Tión an der Abzweigung nach Las Rosas. Schöne Aussichtsterrasse, Fleischgerichte vom Grill. Mo geschl.

Anfahrt: Mit dem Pkw: Auf der Carretera del Norte bis Vallehermoso. Am Ortsausgang Richtung Agulo

befindet sich ein Kinderspielplatz. In der Nähe kann man an der Straße parken. Auch rund um die nahegelegene, zentrale Plaza de la Concepción gibt es Parkmöglichkeiten. **Mit dem Bus:** Linie 3 von San Sebastián über Hermigua und Agulo nach Vallehermoso. Nach Valle Gran Rey besteht kein direkter Busanschluß!

Wir starten am **Kinderspielplatz** von **Vallehermoso,** der sich an der Carretera del Norte Richtung Agulo befindet. Links neben dem Spielplatz führt eine schmale Straße steil in ein Seitental hinauf. (Zwar könnte man hier noch ein Stück mit dem Auto fahren, doch ist dies nicht zu empfehlen, da es im weiteren Verlauf der

Straße nur beschränkte Parkmöglichkeiten gibt.)

Nach fünfzehnminütigem Anstieg ist das Ende der Asphaltdecke erreicht. Auf einem Fahrweg geht es weiter sanft aufwärts. Wir lassen die letzten Häuser von Vallehermoso hinter uns und gehen durch das hier sehr fruchtbare Tal, auf dessen

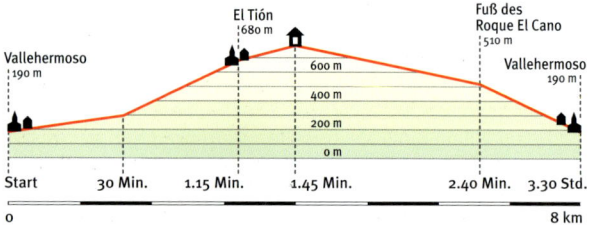

Grund Gemüse, Früchte und Wein angebaut werden. Schmale Bewässerungsrinnen und Wasserbecken sorgen dafür, daß Bananen und Orangen gedeihen können. Über eine **Brücke** quert der Weg nach einer knappen halben Stunde den schilfbestandenen Bachgrund und schraubt sich am gegenüberliegenden Talhang empor. Wir passieren ein paar einzeln stehende Häuser und tauchen dann in den Schatten eines Nordhangs ein, der zunächst locker mit Kastanienbäumen, später mit Baumheide bewachsen ist.

Nach 40 Gehminuten kommt links voraus die Staumauer des Embalse Garbato in Sicht. Man quert ein enges, mit Palmen bestandenes Seitental und passiert kurz darauf ein **weißgetünchtes Wasserhaus**. Etwa 50 m weiter zweigt rechts ein steiler Pfad ab, der durch rote Zeichen am Fels markiert ist (45 Min.). Diesem folgt man in Serpentinen aufwärts, gewinnt an dem sonnenverwöhnten Hang rasch an Höhe, und steht nach

1 Std. Gehzeit schon hoch über dem Stausee, auf dessen klarer Wasserfläche sich die angrenzenden Felswände spiegeln. Fast lautlos ist es hier oben, nur hin und wieder durchbricht ein Hahnenschrei, der von Vallehermoso herübertönt, die Stille. Eine Hausruine am Wegrand kündet den Weiler El Tión an, den man kurz darauf auf einem gegenüberliegenden Felssporn sieht.

Der Weg hält nun, dem steinigen Grat folgend, auf einen **einzeln stehenden Bauernhof** zu, an dem wir links vorbeigehen. Hinter dem Haus treffen wir auf eine Weggabelung, dort geht es links weiter. Mehr oder weniger hangparallel passieren wir die Terrassenfelder von El Tión, auf denen Orangen und verschiedenerlei Gemüse angebaut werden. Nach etwa 150 m biegt der Pfad nach rechts. Wir steigen auf einer Felstreppe quer durch die Terrassen nach oben. Nach 1.15 Std. ist das Ende des Fahrwegs erreicht, der, von Las Rosas kommend, nach **El Tión** führt. Diesem fol-

gen wir aufwärts. An einer Gabelung, nach etwa 100 m, bleibt die nach links unten führende Fahrspur unbeachtet. Später biegt an einem Haus mit Natursteinwänden ein weiterer Weg links ab (1.30 Std.), den wir ebenfalls ignorieren. Wir folgen weiter dem Hauptweg, der mit einem roten Kreis und Pfeil markiert ist. Ebenso bleibt wenige Minuten darauf eine Abzweigung nach links unberücksichtigt.

Bald liegt El Tión mit seinen Feldterrassen hinter uns. Durch Buschland führt die Piste auf einen **Bergsattel** zu (1.45 Std.). Dort zweigen sternförmig mehrere Fahrwege ab. Wir gehen zunächst links und 30 m weiter noch einmal links auf den einsam stehenden Bodegón Roque Blanco zu, ein uriges Gasthaus. Davor gabelt sich der hier asphaltierte Fahrweg. Wir gehen rechts weiter. Man blickt nun in eine flache Tal-

mulde, in der verstreut ein paar Bauernhöfe liegen. Im Hintergrund wird der Gipfel des Teide auf Teneriffa sichtbar.

Es gilt nun auf ein paar auffällige Agaven mit ihren spitzen, dickfleischigen, flaschengrünen Blättern zu achten, die an der rechten Straßenseite stehen. An dieser Stelle zweigt zur Linken ein **Fahrweg** im rechten Winkel ab (1.50 Std.), dem man nun folgt. Beim Abwärtswandern ergibt sich ein herrlicher Ausblick über das Tal von Vallehermoso bis hin zur meist brandungsumtobten Nordküste der Insel. Bald wechselt der Weg auf die andere Seite des Höhenrückens, und man schaut zurück auf El Tión und das gegenüberliegende Bergland.

Dann stehen wir vor einem Eisentor, das die Zufahrt zum Anwesen Los Zarzales versperrt. Ein **Schild** weist nach links Richtung »Valleher-

Roque El Cano

ein paar kleinere, von der Erosion herauspräparierte Vulkanschlote aufragen, halten wir auf den Fuß des **Roque El Cano** zu. Nach 2.40 Std. stehen wir direkt unterhalb des gewaltigen Felsdoms, der in allen Brauntönen schimmert. Bergsteigern bleibt es überlassen, den Gipfel zu erklimmen. Deutlich sichtbare weiße Zeichen an der uns zugewandten Seite des Felsens markieren den Einstieg. Wir aber bleiben auf dem breiten Wanderweg, der an der Südflanke des Roque El Cano weiter an Höhe verliert.

Nach weiteren 5 Min. zweigt im spitzen Winkel ein schmalerer Weg ab, der eine langgezogene Haarnadelkurve des Hauptwegs steil abschneidet. Bequemer ist es jedoch, auf dem alten Verbindungsweg zu bleiben. Die hier recht steinige Route verläuft nun über einen schmalen Höhenrücken. Zwischendurch gabelt sich der Weg abermals, der rechte Pfad stellt eine steile Abkürzung dar. In Serpentinen geht es an einem von Opuntien überwucherten Hang abwärts. Der weißliche Belag auf den Kakteen entpuppt sich beim näheren Hinsehen als Ansammlung von Schildläusen, aus denen man früher den begehrten karminroten Cochenille-Farbstoff gewann.

An einer **Gabelung** (3.15 Std.) geht man rechts weiter, also bergab. Wenig später sind die ersten Häuser von Vallehermoso erreicht. Der Fußweg ist nun asphaltiert und führt, blühende Gärten passierend, zu der schmalen Straße, die schon vom Hinweg bekannt ist. Nach rechts ist es nun nicht mehr weit bis ins **Zentrum von Vallehermoso** (3.30 Std.).

moso« und »Roque El Cano«. Auf einem alten Verbindungsweg gehen wir hier an einem Steilhang entlang weiter. In früheren Zeiten wurde er sicher häufig begangen. Heute nutzen ihn nur noch ein paar Wanderer. Er ist daher an manchen Stellen schon ein wenig zugewachsen. Nach etwa 2.10 Std. kommt der Roque El Cano in Sicht, und tief unten erblickt man das Ortszentrum von Vallehermoso. Der Weg führt sanft an der südexponierten Bergflanke bergab. Nur an wenigen Stellen spenden Baumheide und Gagelbaum Schatten. Ansonsten kann es hier in der Mittagssonne recht warm werden, falls nicht Wolken die umliegenden Höhen verhüllen. Wenn es einmal etwas steiler bergab geht, sind noch Reste der alten Wegpflasterung zu erkennen.

Immer näher rückt nun der Roque El Cano. Auf einem Felsgrat, aus dem

Durch die rote Wand

Von Agulo nach Juego de Bolas

Tiefrote Gesteinsschichten färben die steile Felswand bei Agulo, die es zu erklimmen gilt, bevor ein gemütlicher Wanderweg ins Hochtal von La Palmita führt. Das Besucherzentrum Juego de Bolas informiert über Flora und Fauna des Nationalparks Garajonay.

DIE WANDERUNG IN KÜRZE

+++

Anspruch

4 Std.

Gehzeit

550 m

An-/Abstieg

Charakter: Teils steinige, steile Serpentinenpfade, wo Trittsicherheit und Schwindelfreiheit erforderlich sind; teils breite Feldwege

Einkehrmöglichkeiten: Restaurant Tambor (am Besucherzentrum Juego de Bolas)

Anfahrt: Mit dem Pkw: Auf der Carretera del Norte bis Agulo. Dort findet man an der Hauptstraße gegenüber der Schule gute Parkmöglichkeiten.
Mit dem Bus: Linie 3 von San Sebastián oder Vallehermoso nach Agulo

Besichtigungszeiten: Besucherzentrum Juego de Bolas: Di.–Sa. 9.30–16.30 Uhr

Wir starten an der **Carretera del Norte in Agulo.** Dort hält auch der Bus aus Vallehermoso bzw. San Sebastián. Links von der Schule findet man einen Andenkenladen, die **Casa Aixa.** Unmittelbar links daneben führt ein Treppenaufgang durch Terrassenfelder aufwärts. Nach 5 Min. überqueren wir die Hauptstraße und gehen gegenüber eine Treppe hinauf, der Beschilderung nach La Palmita folgend. Zu beiden Seiten des Wegs kann man die geschickt angelegten Stützmauern der Terrassenfelder bewundern. Hier gedeihen Wein, Bananen und Gemüse.

Nach extrem steilem Anstieg zu Beginn erleichtern im oberen Teil des landwirtschaftlich genutzten Geländes winzige Serpentinen das Gehen. Dann stehen wir unterhalb der eigentlichen **Felswand** (40 Min.).

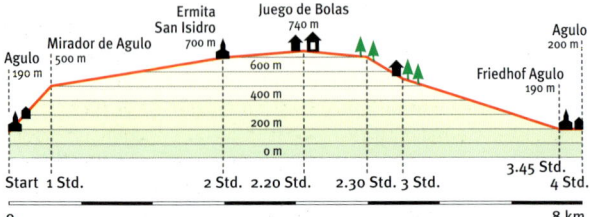

Der Weg wurde stufenförmig regelrecht ins Gestein geschnitten. Erstaunlich ist, daß sich hier oben ein relativ großer Eukalyptusbaum halten kann, der mit seinen dicken Wurzeln fest in der Wand verankert ist. Wiederum geht es in steilen Serpentinen aufwärts. Dieser Abschnitt könnte schwindelerregend wirken, wären da nicht die niedrigen Stützmauern, die den Weg zur steilen Seite hin begrenzen. Wir befinden uns nun in der eigentlichen ›roten Wand‹. Bei einem weiteren Eukalyptusbaum, wo die Wegführung für eine kurze Strecke etwas flacher wird, kann man verschnaufen und die roten, säulenförmigen Gesteinsformationen rundum bestaunen. Eine interessante Pflanzenwelt belebt die Felswand: Man findet Gänsedisteln

und verschiedene Dickblattgewächse, viele davon sind endemische, nur auf Gomera heimische Arten.

Nach 1 Std. Gehzeit ist ganz unvermittelt das Ende der Steilwand erreicht. Man steht am **Mirador de Agulo** und blickt noch einmal auf den tief unten liegenden Ort mit seinen ausgedehnten Bananenplantagen. Dann geht es, einem alten, nicht mehr genutzten Bewässerungskanal folgend, in ein Hochtal hinein und an der Mauer eines Terrassenfelds entlang. Am Ende der Mauer verläßt man die Wasserrinne und steigt auf einem Pfad rechts über einen roten Felsrücken aufwärts. Nach etwa 50 m ist ein sorgfältig gepflasterter und von Mauern begrenzter Wegabschnitt erreicht, der sich für kurze Zeit parallel zu einer Wasserrohrleitung hält, diese dann aber nach rechts oben verläßt. (Hier darf man nicht dem schmalen Pfad entlang des Wasserrohrs Richtung Staumauer folgen!)

Bald schauen wir auf den Stausee La Palmita hinunter (1.15 Std.), der je nach Jahreszeit sehr unterschiedlich mit Wasser gefüllt ist. Wie man aus dem deutlich zu vernehmenden Quaken schließen kann, ist der See für zahlreiche Frösche zum Biotop geworden. Nach 5 Min. gelangen wir an einen breiteren Weg, wo ein Wegweiser uns rechts nach La Palmita leitet. An dieser Stelle befindet sich eine **gemauerte Wasserstelle,** wo man sich nach dem anstrengenden Aufstieg erfrischen kann. Wenig später, bei den ersten Häusern von **La Palmita,** gabelt sich der holprige Fahrweg. Wir gehen rechts und treffen nach 50 m auf eine breitere Piste, auf der es nun links mit sanfter Steigung talaufwärts geht. Verstreut liegen die wenigen Häuser des Weilers an den Hängen. Die meisten werden von ihren Besitzern allenfalls noch sporadisch genutzt, viele Terrassenfelder bleiben unbestellt. Wir gehen über eine **Brücke** (1.45 Std.) und an ein paar etwas dichter zusammenstehenden Häusern vorbei. Im oberen Teil des Tals wurden einige der alten Bauernkaten in Wochenendhäuser verwandelt.

10 Min. später beschreibt die Piste eine scharfe Linkskurve und gabelt sich 50 m darauf. Man folgt der rechten Hauptspur noch etwa 5 m und steigt dann steil rechts auf einem Pfad bergauf, der mit einem gelben »H« markiert ist. Durch schattenspendendes Gebüsch geht es aufwärts. Vor dem Bau der Piste war dieser stellenweise noch gepflasterte Weg für die Dorfbewohner die einzige Verbindung zur oberhalb des Tals verlaufenden Straße. Am gegenüberliegenden Hang ist bei einem größeren Gehöft ein alter gepflasterter, kreisrunder Dreschplatz zu erkennen – ein Hinweis darauf, daß früher im Tal von La Palmita Getreide angebaut wurde.

Der Weg mündet in den großen Vorplatz der **Ermita San Isidro** (2 Std.). Hinter dem schlichten Gotteshaus gelangen wir an die Straße und folgen ihr nach rechts. Das Besucherzentrum mit seinem verschachtelten roten Ziegeldach ist von hier schon deutlich zu erkennen. In der zweiten größeren Linkskurve fällt oberhalb der Straße ein größerer Bestand von Zypressen mit ihren gerade abstehenden, dunkelgrün benadelten Zweigen ins Auge.

Auf der schmalen, wenig befahrenen Straße erreicht man nach insgesamt 2.15 Std. Gehzeit zunächst die **Hauptstraße,** die vom Gebirge nach Agulo hinunterführt, und auf dieser (nach rechts) kurz darauf das **Besucherzentrum Juego de Bolas** (2.20 Std.). Dort trifft man auf das **Restaurant Tambor,** benannt nach der typischen gomerischen Trommel. Der Speiseraum ist rustikal eingerichtet und originell mit Schinkenknochen, Flaschenkürbissen und Bündeln getrockneter Pfefferschoten dekoriert. Von der Sonnenterrasse kann man noch einmal die Aussicht über das Tal von La Palmita genießen. Nach links hat man bei klarer Sicht einen wunderbaren Blick auf die Nachbarinsel Teneriffa.

Nachdem wir das Centro de Visitantes besichtigt haben, gehen wir zwischen dem Hauptgebäude des Zentrums und dem Restaurant Tambor hindurch, wo sich etwa 50 m weiter die schmale Asphaltstraße gabelt. Wir halten uns links aufwärts an einem Parkplatz vorbei und weiter auf einer breiten Schotterpiste. Das Besucherzentrum lassen wir links hinter uns liegen und folgen dem nun schmaler werdenden Fahrweg an einem Höhenrücken entlang. Nach etwa 5 Min. gabelt sich der Weg. Die linke Spur führt lediglich zu einem einsam stehenden, verlassenen Haus, wir beachten sie nicht. Jetzt geht es zeitweise etwas steiler bergab. Bei einer **Kieferngruppe** (2.30 Std.) steigt der Weg aber wieder an. Hinter den letzten Bäumen gabelt er sich, und wir folgen dem links bergauf führenden, durch kleine Felspyramiden markierten Weg.

Überall tritt das zu rötlichem Lehm verwitterte Gestein zutage. Das Wasser der seltenen, aber starken Regenfälle hat deutliche Erosionsspuren hinterlassen. Wenige Minuten später ist der Kamm des Bergrückens erreicht. Eine tiefe Furche zieht sich hier schräg den Hang hinunter. Man folgt, vom Hauptweg links abzweigend, einem durch viele kleine Felspyramiden markierten Pfad, der neben der Rinne abwärts führt. Auf dem Hauptweg kann man einen Abstecher (hin und zurück ca. 10 Min.) zum Mirador de Abrante machen, wo man weit über die Nordküste blickt. Nach etwa 200 m, genau am Ende der Rinne, findet man einen **alten Pflasterweg,** wiederum durch Steinpyramiden markiert, auf dem man nun in Serpentinen steil absteigt. Tief unten ist die Nordküstenstraße zu erkennen, die von Agulo nach Vallehermoso verläuft.

Der alte Pflasterweg wird sichtlich selten begangen, an vielen Stellen hat ihn das Gebüsch teilweise schon zurückerobert. Wir gelangen zu ein paar größeren Kiefern, die ein einzeln stehendes **Gehöft** beschatten (3 Std.). Oberhalb des langgestreckten Hauses weist ein Schild nach rechts Richtung »Agulo«. Auf einem gut erkennbaren Weg geht es um die Terrassenfelder des Bauernhofs herum und dann in Serpentinen abwärts.

Blick auf Agulo

Zweifarbiger Schöterich

Am Wegrand ist oft der Zweifarbige Schöterich mit seinen schmalen Blättern zu sehen, der fast das ganze Jahr über sowohl weiße als auch violette Blüten trägt. Auch der Wilde Fenchel wächst gern an küstennahen Abhängen wie diesem. Mehrere verfallene Mauern lassen erkennen, daß wir uns hier auf ehemaligem Ackerland befinden. Weiter unten verläuft der alte Pflasterweg hangparallel unterhalb einer Felswand. Es geht sanft bergab. Am Wegrand blühen die weißen Dolden des Neapolitanischen Lauchs. Aus den Spalten der Mauern, die Feldterrassen und Wegrand säumen, lugt der Kletterfarn, der nur ein einziges Blatt besitzt. Hier und da trifft man sogar auf eine der trockenheitsliebenden Wolldisteln mit ihren gar nicht stacheligen, dafür aber filzig behaarten Blättern und den gelben Blüten.

Im weiteren Verlauf nähert sich der Weg rasch der **Küstenstraße,** die nach insgesamt 3.30 Std. Gehzeit erreicht ist. Auf der Straße gehen wir etwa 50 m nach rechts und biegen noch vor dem Tunnel linker Hand in die Fortsetzung des Pflasterwegs ein, der, von einer Rohrleitung begleitet, an einem offenen Wasserbecken vorbeiführt. Oberhalb eines Weinbergs geht es auf eine Felsnase zu, die 5 Min. später erreicht ist. Kurz zuvor zweigt zur Linken ein Pfad steil bergab, er bleibt unbeachtet. Unser Weg führt durch ein Felsentor und verläuft jetzt direkt oberhalb der Steilküste. Stellenweise ist die Pflasterdecke hier abgebrochen oder durch Erdrutsche verschüttet.

Bald kommt der malerische Ortskern von **Agulo** mit seiner kuppelgekrönten, weißen Kirche in Sicht – ein schönes Fotomotiv. Man trifft auf eine Pflasterstraße (3.45 Min.) und geht auf dieser nach rechts, am **Friedhof** vorbei. Im Ortszentrum hält man sich zunächst geradeaus durch die Calle del Calvario, kommt an einer Kreuzigungsgruppe vorbei und sieht kurz darauf links unten zwischen den Plantagen die ehemalige Bananenlagerhalle. Bald darauf steht man vor der ungewöhnlichen **Kirche** von Agulo. Sie wurde ebenso wie die Kirchen von Hermigua und Vallehermoso im Stil des Eklektizismus errichtet, der um die Jahrhundertwende auf den Kanarischen Inseln vorherrschend war und bis in die 30er Jahre gepflegt wurde. Das griechische Wort *eclecticós* bedeutet wählerisch, ein wichtiges Credo dieser Architekturgattung. Man versuchte, aus Stilrichtungen der Vergangenheit die besten Elemente auszuwählen und neu zu kombinieren. Der Eklektizismus faßte auf den Kanarischen Inseln in einer Zeit wirtschaftlicher Expansion Fuß, als der Bananenexport florierte. Die Kirche San Marcos in Agulo entstand 1939. Oft wird sie wegen ihrer fünf weißen Betonkuppeln mit einer Moschee verglichen und heißt daher im Volksmund auch »La Mezquita«.

Um zum Ausgangspunkt der Wanderung zu gelangen, folgen wir der Straße, die sich hier **Calle del Pintor Aguiar** nennt, weiter geradeaus. Durch eine Senke, in der Bananen gepflanzt werden, führt die Straße in den östlichen Ortsteil von Agulo und immer noch geradeaus bis zu einer Straßengabelung, wo man rechts an einer Sparkasse vorbei nach etwa 150 m den **Parkplatz an der Hauptstraße** erreicht (4 Std.).

Besucherzentrum Juego de Bolas

Das Centro de Visitantes Juego de Bolas wurde 1987 von der Naturschutzbehörde eingerichtet, um sowohl Einheimischen als auch Touristen verschiedene Aspekte des Nationalparks Garajonay nahezubringen. Kernstück des Besucherzentrums ist das großzügige Hauptgebäude, wo man sich anhand von Schautafeln, Fotos und Gesteinsproben ein umfassendes Bild von der Geologie, Ökologie, Flora und Fauna Gomeras machen kann. In einem Seitentrakt ist das kleine ethnographische Museum untergebracht, wo die typische Einrichtung eines alten Bauernhauses zu besichigen ist, dazu Hausrat, Trachten und landwirtschaftliches Gerät aus der Vergangenheit der Insel. Nebenan demonstrieren Kunsthandwerker in mehreren Werkstätten ihre traditionellen Fertigkeiten. Man kann die Produkte (Keramik, Flechtarbeiten, Flickenteppiche u. a.) auch käuflich erwerben.

Besonders aufschlußreich ist ein Besuch des Botanischen Gartens, der sich rund um die Anlage erstreckt. Hier kann man die einheimische Pflanzenwelt studieren, darunter auch seltene Arten, die in der Natur schwer zu finden sind. Wer seine im Besucherzentrum gewonnenen Erkenntnisse noch vertiefen möchte, kann an einer der botanischen Wanderungen teilnehmen, die von geschultem Personal geführt werden.

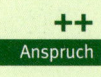

Oberhalb des Strandes

Von Hermigua zur Playa de La Caleta

Auf Saumpfaden und Pisten läuft man zunächst hoch über dem Meer mit weitem Panoramablick zum winzigen Weiler Casas del Palmar. Ein einsamer Pfad führt weiter zur dunklen Playa de La Caleta.

In der Gabelung hinter der **Brücke** über den **Barranco de Monteforte** weist eine Holztafel auf einem Treppenweg aufwärts Richtung »Playa de La Caleta«. Schon nach etwa 20 m, noch vor Erreichen der ersten Häuser des Ortsteils **Altozano,** zweigen wir von dem Treppenweg links ab auf einem steilen Pfad, dessen

Beginn durch **Steinmännchen** markiert ist. Der Pfad führt uns an der Flanke eines kleinen Barrancos entlang bergan, vorbei an einigen **Bauernhäusern,** die zum Teil von ihren Bewohnern schon vor langer Zeit aufgegeben wurden. Doch schon bald lassen wir den Ort hinter uns. Unser Weg quert den Talgrund.

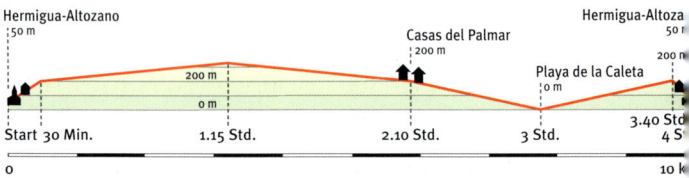

Wir steigen durch einen kargen Hang hinauf. Nach 30 Min. stehen wir auf einem Sattel und treffen dort auf eine Pistengabelung. Links abwärts würden wir hier direkt zur Playa de La Caleta gelangen. Wir jedoch gehen rechts hinauf und genießen von nun an nach links blickend ein faszinierendes Küstenpanorama. Zunächst sanft ansteigend, dann weitgehend höhenparallel umrundet der Weg mehrere Taleinschnitte. Eine Piste zweigt links zu den Casas El Moralito hinab, sie bleibt unbeachtet. Nach 1.15 Std. zweigt eine weitere durch eine Kette versperrte Piste nach rechts aufwärts ab, die wir ebenfalls ignorieren. Unser Fahrweg hält sich hier sanft bergab und quert kurz darauf das ausgetrocknete Bachbett eines kleinen Barrancos.

Nach 1.40 Std. gehen wir an zwei Abzweigen (einem nach rechts oben, einem nach links unten) geradeaus vorbei und gelangen gleich darauf an eine weitere **Pistengabelung.** Wiederum halten wir uns links. Hinter der nächsten Wegbiegung gabelt sich die Piste erneut, wiederum gehen wir links und verlassen damit die Wasserrohrleitung, die unsere Piste bislang begleitet hatte. Wir passieren einen **verlassenen Bauernhof** (1.50 Std.) und erreichen fünf Minuten später weitere Häuser des **Weilers El Palmar.** Unser nächstes Ziel sind die alten Casas del Palmar, die wir links unter uns, eingebettet in eine Palmengruppe, schon sehen können. Es ist jedoch recht unbequem, direkt dorthin abzusteigen, deshalb bleiben wir auf der Piste

Die Playa de la Caleta

und laufen weiter bis zu einem **Sattel** (2 Std.), wo sich der Fahrweg wiederum gabelt. Wir gehen links und halten direkt auf die alten **Casas del Palmar** zu, die wir nach 2.10 Std. erreichen. Wir laufen zwischen den Häusern hindurch bis zum Ende des Fahrwegs. Dort beginnt links neben einem großen Felsen ein schmaler Pfad, dem wir nun folgen. Der Einstieg ist durch kleine Steinmännchen markiert.

Zu Beginn ist der Pfad recht undeutlich und nicht ganz einfach zu finden. Man orientiert sich an einer Trittspur, die leicht bergab führt. Später ist der Weg durch Befestigung und Pflasterung wieder als alter Saumpfad kenntlich. Mit sanftem Gefälle setzt er sich fort, einen steinigen, dicht mit Wolfsmilchgebüsch bestandenen Hang querend. Nach Umrunden eines Tals laufen wir einen Felssporn hinab und sehen

nach 2.40 Std. erstmals zum Strand von La Caleta hinunter. Wir erreichen einige Terrassenfelder. Nach 2.50 Std. stehen wir im **Bachbett eines Barrancos.** Hier fließt manchmal ein wenig Wasser, doch die Überquerung ist kein Problem. Auf der gegenüberliegenden Seite erreichen wir kurz darauf eine Piste. Wir gehen rechts und stehen nach 3 Std. an der **Playa de La Caleta.** An dem grobkiesigen, dunklen Strand gibt es Picknickplätze. Hier ist Gelegenheit zu einer ausgiebigen Erholungspause. Anschließend laufen wir auf der Piste wieder bergan, bis wir nach 3.40 Std. wieder auf dem **Sattel** stehen, wo sich der Fahrweg gabelt. Auf dem Hinweg waren wir hier von rechts auf einem Fußweg heraufgekommen, den wir nun wieder einschlagen. Nach 4 Std. erreichen wir schließlich wieder die **Straße** in der Nähe der **Playa de Hermigua.**

Jede Menge Ausblicke

Von Hermigua nach El Cedro und Los Aceviños

Am höchsten Wasserfall Gomeras vorbei geht es steil aufwärts zum idyllischen Weiler El Cedro und weiter nach Los Aceviños. Nach abenteuerlichem Abstieg mit weitem Blick ist letztes Etappenziel die weithin sichtbare Ermita de San Juan.

DIE WANDERUNG IN KÜRZE

+++
Anspruch

6 Std.
Gehzeit

700 m
An-/Abstieg

Charakter: Anstrengender Anstieg auf steilem Saumpfad, sodann ohne größere Höhenunterschiede weiter auf Wald- und Feldwegen. Zuletzt steiler Abstieg auf steilem, teilweise zugewachsenem Pfad

Einkehrmöglichkeiten: Bar »Casa Prudencio« und Bar/Restaurant »La Vista« in El Cedro

Anfahrt: Mit dem Pkw: Auf der Carretera del Norte nach Hermigua. **Mit dem Bus:** Linie 3 von San Sebastián Richtung Vallehermoso bis zum oberen Ortsteil von Hermigua

Ausgangspunkt ist die moderne, nüchtern gestaltete **Plaza am Convento** (Kloster) im oberen Ortsteil von **Hermigua.** Der Platz befindet sich unterhalb des Kunsthandwerkszentrums Los Telares, vor dem man am Straßenrand parken kann. Von der Plaza aus queren wir die Straße und finden dort zwei steile Treppenaufgänge. Wir wählen den linken und gelangen zu einer breiteren, gepflasterten Treppe, der wir weiter aufwärts folgen. Nach etwa fünf Minuten erreichen wir eine Straße, auf der wir rechts gehen. Wir verlassen den Ort und passieren bald darauf eine links von uns **steil aufragende Felswand,** die zu dem **Zwillingsfelsen Los Gemelos** gehört. Kurz darauf kommen wir wieder an Häusern vorbei, und die Straße beschreibt eine enge Rechtskurve. Wir

nähern uns nun dem kleinen Ort **El Estanquillo,** dessen weiße, kubische Häuser dicht gedrängt auf einem Bergrücken stehen. Nach einer knappen halben Stunde passieren wir noch vor dem Ort die **Bar Medina Los Roques** und verlassen etwa 50 m weiter in der nächsten Kurve die Straße auf der linken Seite auf einer Treppe. Schon nach wenigen Metern zweigt wiederum links unser Wanderweg ab, ein schmaler, hangparalleler Pfad, der sich an einer Wasserleitung orientiert. Früher floß das Wasser durch eine schmale betonierte Rinne, die heute durch eine Rohrleitung ersetzt ist. Sie dient zur Bewässerung der Terrassenfelder, die sich am Wegrand ausdehnen. Hier werden vorwiegend Bananen angebaut, aber auch Wein, Kartoffeln, Bataten und allerlei Gemüse.

Später beginnt die Wasserleitung anzusteigen, mit ihr der Weg. Das Tal wird enger, bald laufen wir im dicht mit Schilf bestandenen Talgrund. Eine Abzweigung nach links zwischen zwei großen **Felsblöcken** (50 Min.) beachten wir nicht. Statt dessen folgen wir dem hier recht steilen Pfad nach rechts weiter aufwärts und finden bald darauf an einer Mauer eine blau-weiße Markierung, die uns bedeutet, daß wir uns noch auf dem rechten Weg befinden. Nach 1 Std. erreichen wir ein großes **betoniertes Wasserbecken.** Vor diesem halten wir uns zunächst rechts und wechseln dann an seinem oberen Ende auf die andere Seite des Bachbetts. Dort verläßt unser Weg den Talgrund und steigt oberhalb des Wasserreservoirs an. Fünf Minuten später zweigt links ein schmaler Trampelpfad ab, hier gehen wir geradeaus weiter. Das Bachbett sehen wir nun in einigem Abstand wieder rechts unter uns. Das landwirtschaftlich genutzte Gelände haben wir hinter uns gelassen, die von Gestrüpp bedeckten Wände zu beiden Seiten des Tals sind näher zusammengerückt. Wiederum überschreiten wir das Bachbett. Wenige Meter darauf gabelt sich der Pfad. Wir gehen links, nun wieder der Rohrleitung folgend. An diese halten wir uns auch weiterhin, auch noch, wenn sich unser Weg auf der anderen Talseite in steilen Stufen hangaufwärts windet.

Eine **Steilstufe** im Tal ist zu überwinden. Bald ragen rechts und links steile Felswände auf, wo sich der Bach tief in härteres Gestein eingeschnitten hat. Dann stehen wir unterhalb einer **Staumauer** (1.15 Std.). Diese umgehen wir auf der rechten Seite auf einem gepflasterten Weg. Am oberen Ende des meist nur wenig Wasser enthaltenden Stausees geht es rechts auf einer Felstreppe aufwärts. In dem steil aufragenden Talschluß vor uns sehen wir nun den Salto de Agua, den höchsten Wasserfall Gomeras. In diese Richtung führt unser hier gut ausgebauter, großenteils gepflasterter Wanderweg. Er ist in unregelmäßigen Abständen mit blauen Farbstreifen markiert. Schmalere Pfade, die hier und da abzweigen, lassen wir unbeachtet. Vor einer **steilen Steintreppe** (1.45 Std.) können wir links einen Abstecher von wenigen Metern zu einer **Felsklippe** machen, wo wir auf den unteren Teil der Kaskade hinunterblicken können, die dort in ein natürliches Felsbecken stürzt. Die Stelle ist an einer blau-weißen Markierung an einem Gesteinsbrocken zu erkennen. Aber Vorsicht! Es besteht Absturzgefahr. Dann kehren wir zum Weg zurück und gehen weiter aufwärts. Rasch gewinnen wir nun an Höhe und können rückblickend einen immer freieren Blick in das Tal von Hermigua mit seinen ausgedehnten Bananenpflanzungen

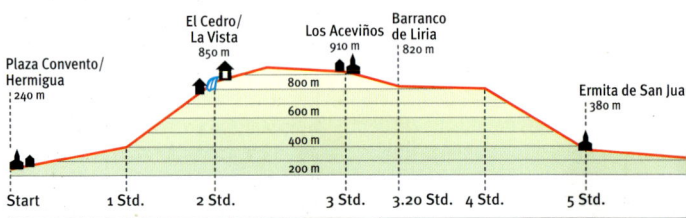

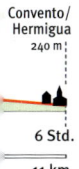

La Palmita · Degollada del Chorrillo · Ibo-Alfaro · HERMIGUA · Embalse de Hermigua · Barranco del Cedro Inglo · Barranco de Liría · Las Hoyetas · Ermita de San Juan · Meriga · Las Cabezadas · Barranco de Monteforte · Cabeza de la Mesa · 822 m · Las Casas · La Alameda · Las Poyatas · Alto de la Atalaya · El Corralete · START · 898 m · El Estanquillo · San Pedro · El Convento · El Cabo · Los Gemelos · Los Aceviños · Monteforte · 517 m · 1103 m · Barranco del Cedro · Parque Nacional · Embalse de Mulagua · El Cedro · La Montañeta · 1038 m · Casa Prudencia · El Rejo · Barranco de Tardo · de Garajonay · 1157 m · Ermita N. S. de Lourdes · El Carmen · 0 · 500 m · 1 : 50.000

genießen. Ganz unvermittelt ist dann der **obere Rand der Steilstufe** erreicht. Etwa 50 m weiter zweigt ein Weg zum Bachbett hinunter ab, den wir nicht beachten. Geradeaus gelangen wir zu einem **Picknickplatz**, wo sich der Weg gabelt. Wir gehen den von einem Geländer gesäumten Betonweg rechts hinauf, wo wir durch das Gelände des kleinen **Campingplatzes La Vista** laufen. Zum Zeltgelände gehört ein uriges Restaurant, auf dessen Terrasse man eine Erholungspause einlegen kann (2 Std.).

Oberhalb des Restaurants treffen wir anschließend auf eine Piste. Auf ihr gehen wir rechts aufwärts. Rückblickend können wir noch einmal in das Hochtal von El Cedro schauen, bevor der Fahrweg eine Kurve beschreibt und vor einem **Haus** endet. Kurz vor dem Wendeplatz zweigt rechts ein Naturtreppenweg ab, der durch eine kleine **Steinpyramide** gekennzeichnet ist. Diesen schlagen

Convento/
Hermigua
240 m

6 Std.

11 km

wir nun ein. Der Weg tritt bald darauf in schattigen **Lorbeerwald** ein und führt recht steil bergan. Nach 2.45 Std. zweigt links ein schmalerer Pfad aufwärts ab, den wir nicht beachten. Unser Weg führt geradeaus weiter, nun ohne größere Höhenunterschiede. Fünf Minuten später stehen wir auf einer **breiten Forstpiste.** Hier gehen wir rechts, also bergab. Der Baumbestand lichtet sich, und man kann hier und da nach links weit über die bewaldeten Bergrücken am Nordabhang Gomeras blicken. Nach 3 Std. ist der Weiler **Los Aceviños** erreicht, dessen Häuser sich über mehrere Bergtäler und -rücken verteilen. Unmittelbar hinter den ersten Häusern, noch vor dem angrenzenden Baumheidegebüsch, biegen wir links in einen abwärts führenden Lehmweg ein. Dieser führt zunächst am Rand des Buschwaldes entlang, biegt dann aber bald nach rechts um, in diesen hinein. (Schilder mit der Aufschrift *»privado«* weisen an dieser Stelle darauf hin, daß die Pfade, die an der Biegung nach links abzweigen, auf Privatgelände führen, das nicht ohne Aufforderung durch den Besitzer betreten werden sollte.)

Durch den Buschwald führt unser Pfad bergab über eine von Erosionsrinnen zerfurchte lichte Stelle hinweg bis zu einer weiteren **Lichtung,** die völlig frei von Buschwerk ist (3.10 Std.). Hier führen rechts und links Wege weiter. Wir wählen den linken. Voraus erblicken wir nun unten im Tal eine Asphaltstraße, die sich zum Ortskern von Los Aceviños hinaufwindet. Der Pfad wird streckenweise zum Hohlweg, auf dem es steil abwärts geht. Nach fünf Minuten, von der Lichtung an gerechnet, erreichen wir den **Grund eines Barrancos,** den unser Weg

quert, um auf der anderen Talseite geradeaus, zunächst hangparallel, weiterzuführen. Etwa 50 m nach Passieren des Talgrundes gabelt sich die Spur. Hier steigen wir rechts hinab. Nach 3.20 Std. queren wir den Grund eines weiteren, größeren Tales, des **Barranco de Liria.**

Auf der anderen Seite geht es wieder aufwärts. Kurz darauf treffen wir auf einen breiteren Weg, der uns nach wenigen Metern rechts zu der Straße führt, die wir vorher schon von weitem erblickt hatten. Wir folgen ihr nach rechts und zweigen nicht auf der ersten Piste, die mit »Centro Médico« beschildert ist, in einer Linkskurve rechts ab, sondern laufen etwa fünf Minuten auf der Straße weiter, bis wir in der nächsten Rechtskurve in einem Talgrund auf eine zweite Abzweigung treffen.

Hier laufen wir rechts abwärts auf einer Piste, die auf den ersten 20 m noch asphaltiert ist, dann jedoch in einen lehmigen Fahrweg übergeht. Dieser hält sich bald mehr oder weniger hangparallel am rechten Rand des Barrancos. Wir passieren ein **einsam gelegenes Haus** und kommen kurz darauf an eine Kreuzung (3.45 Std.). Hier gehen wir links weiter. Zehn Minuten später gelangen wir an eine Gabelung. Hier halten wir uns wiederum links. Schon in der nächsten Kurve, nach etwa 50 m, verlassen wir den Fahrweg auf einem durch kleine Steinhaufen markierten, links ins Gebüsch hinein abzweigenden breiten Pfad. Bei klarer Sicht blickt man nun auf die Nachbarinsel Teneriffa. Unser Weg führt über einen mit lockerem Gebüsch bestandenen **Bergrücken.** Nach 4 Std. stehen wir wieder auf einem breiteren Weg, auf dem wir weiter bergab, also nach links, gehen. Hinter der nächsten Linkskurve beginnt ein recht zugewachsenes Wegstück. Nur ein schmaler Trampelpfad bleibt frei von Bewuchs, der teilweise aus dornigen Brombeersträuchern besteht. Dafür entschädigt schon bald ein hervorragender Ausblick hinab ins untere Tal von Hermigua. Hier lohnt es sich, vor dem weiteren Abstieg eine Pause einzulegen. Wenig später biegt unser Pfad nach rechts ab und geht in einen alten Saumpfad über, dessen Pflasterung noch teilweise erhalten ist. Auf ihm laufen wir in Windungen steil bergab. Nach 4.20 Std. kommen wir an die **Ruine eines Bauernhauses,** vor der unser Weg rechts weiterführt.

Wir nähern uns einem Taleinschnitt, gehen aber, sobald rechts ein Pfad dorthin abzweigt, nicht hinüber, sondern halten uns links, wo unser Weg nun hangparallel auf zwei auffällige Kiefern zuhält. Bei den **Kiefern** beschreibt der Weg eine Rechtskurve und beginnt wieder abzusteigen. In der nächsten Linkskurve zweigt rechts wiederum ein Pfad Richtung Talgrund ab, den wir ebenfalls nicht beachten. Wenig später passieren wir weitere Hausruinen. Dahinter quert unser Weg den Talgrund und verläuft dann entlang einer dicht mit Dickblattgewächsen begrünten Mauer. Dahinter geht es wiederum abwärts. Etwas unterhalb sehen wir bereits unser nächstes Ziel, die Ermita San Juan.

Zunächst kommen wir aber noch an einem **Staubecken** vorbei, dann folgen einige steile Serpentinen. Dann nähern wir uns der exponiert auf einem spitzen Hügel stehenden Kapelle. In dem Sattel davor beschreibt der Saumpfad eine scharfe Rechtskurve. Hier gehen wir geradeaus weiter zur **Ermita San Juan,** die wir nach insgesamt 5 Std. Gehzeit

erreichen. Zwar ist das kleine Gotteshaus normalerweise verschlossen, doch lohnt die Aussicht von der Terrasse! Anschließend gehen wir wieder zum Saumpfad zurück und halten uns auf diesem weiter abwärts. Er ist von hier an zu einem breiten, gepflasterten Treppenweg ausgebaut. Fünf Minuten später kommen wir zu den ersten Häusern von **Hermigua,** wo der Weg in eine steile Betontreppe übergeht. Diese mündet bald darauf in eine schmale Straße, auf der wir rechts gehen. Wir umrunden mehrere durch Terrassenfelder gegliederte Talmulden, wo Bananen, Orangen und allerlei tropische Früchte gedeihen. Dabei geht es sanft aber stetig bergan. Bald sehen wir voraus die Zwillingsfelsen Los Gemelos nun von ihrer schönsten Seite. Dann ist **El Estanquillo** erreicht (5.40 Std.), wo wir auf dem Hinweg die Straße, auf der wir uns nun befinden, talaufwärts verlassen hatten. Wir gehen auf der schon bekannten Route zurück zum **Ausgangspunkt** (6 Std.).

Die Zwillingsfelsen bei Hermigua

113

Im Herzen des Nationalparks

Durch den Barranco del Cedro

Ein breiter Waldweg führt durch den noch fast ursprünglichen Lorbeerwald des Nationalparks Garajonay zur einsamen Ermita Nuestra Señora de Lourdes. Auf einem lauschigen Pfad geht es durch den feuchten Barranco del Cedro zum gleichnamigen Weiler.

DIE WANDERUNG IN KÜRZE

+

Anspruch

2.30 Std.

Gehzeit

250 m

An-/Abstieg

Charakter: Feld- und Waldwege

Einkehrmöglichkeiten: Bar Casa Prudencio und Bar La Vista in El Cedro

Anfahrt: Mit dem Pkw: Über die Carretera Dorsal (Höhenstraße) bis zur Gabelung am Cruz de la Zarcita, dort abbiegen Richtung Hermigua. Nach ca. 1,5 km zweigt zur Linken eine Piste ab, die mit »Monte del Cedro« ausgeschildert ist. Gleich zu Beginn des breiten Weges kann man das Auto abstellen.

Mit dem Bus: Eine Linienbusverbindung gibt es nicht. Alternative für Nichtmotorisierte: Mit dem Taxi zum Ausgangspunkt fahren lassen und von El Cedro durch den Barranco de Monteforte nach Hermigua absteigen (ca. 2 Std. und 600 m Höhenunterschied ab El Cedro, vgl. Tour 22). Diese Variante sollte man bei feuchter Witterung nicht gehen, da der Weg dann sehr rutschig wird! Ab Hermigua Linienbusanschluß nach San Sebastián und Vallehermoso.

Ca. 1,5 km unterhalb vom Cruz de la Zarcita zweigt von der Straße nach Hermigua links eine mit »Monte del Cedro« beschilderte Piste ab. Auf dieser Piste wandert man auf festem Lehmboden am Hang der Montaña Quemada durch üppigen **Lorbeerwald** bergab. Links liegt der Barranco del Cedro, dessen Talgrund aber wegen des dichten Blätterwalds unsichtbar bleibt. Flechtenbärte hängen von den Bäumen herab, Äste und Stämme sind dicht mit Moos bewachsen – Zeugen der hohen Luftfeuchtigkeit, denn oft hängen Nebelschwaden über diesem Wald.

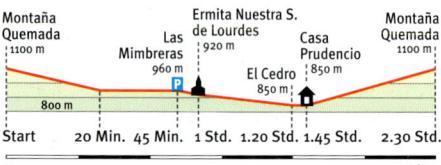

| Montaña Quemada 1100 m | | Las Mimbreras 960 m | Ermita Nuestra S. de Lourdes 920 m | | El Cedro 850 m | Casa Prudencio 850 m | | Montaña Quemada 1100 m |

800 m

| Start | 20 Min. | 45 Min. | 1 Std. | 1.20 Std. | 1.45 Std. | 2.30 Std. |

0   6 km

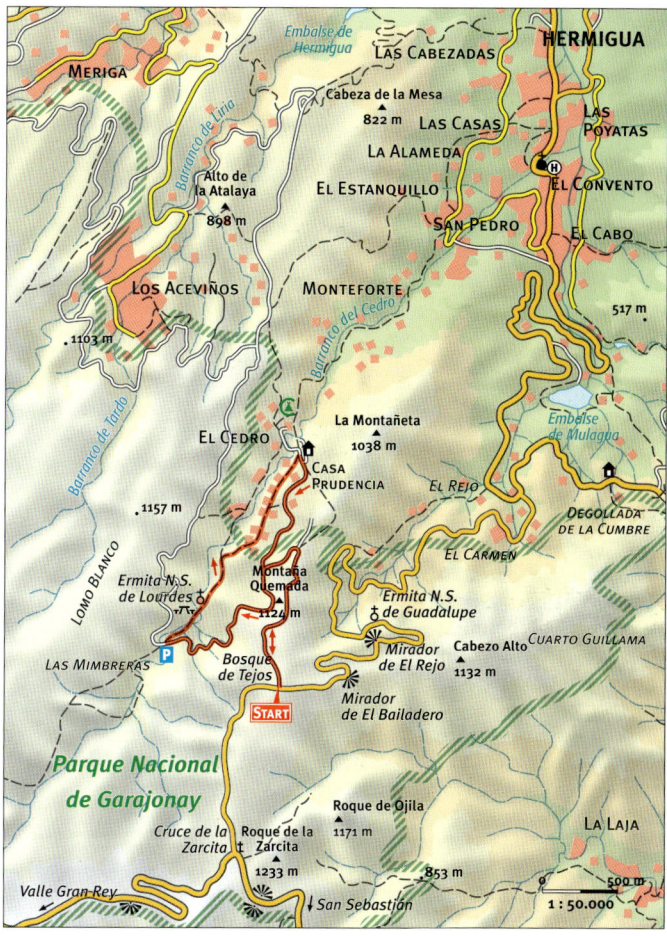

Nach 15 Gehminuten beschreibt der Weg eine deutliche Linkskurve. Hier zweigen rechts sternförmig mehrere Pfade in den Lorbeerwald hinein ab, die wir unbeachtet lassen. Nach weiteren 5 Min. teilt sich die Piste. Wir folgen der linken Spur, die mit »Barranco y Ermita« ausgeschildert ist. Von nun an geht es sanft bergauf, unter dem geschlossenen Kronendach der Bäume. Mit etwas Glück kann man hier eine der seltenen Lorbeertauben beobachten, die sich von den Früchten der Lorbeerbäume ernähren. Es gibt zwei Arten, die beide recht selten geworden sind. Sie haben sich in die entlegensten Bereiche der verbliebenen Lorbeerwälder La Palmas und Gomeras zurückgezogen.

Ohne nennenswerte Höhenunterschiede passieren wir mehrere feuchte Taleinschnitte. Aufgeregtes Gezwitscher deutet darauf hin, daß

Vögel hier die Nähe des Wassers su-
chen. Dann ist der **Waldparkplatz
Las Mimbreras** erreicht (45 Min.),
der zu einer Rast unter Lorbeerbäumen am Ufer des ganzjährig wasserführenden Cedro-Bachs einlädt.
Mehrere Wanderwege nehmen von
Las Mimbreras ihren Ausgang. Wir
wählen den **»Sendero Forestal a La
Ermita«,** der gleich zu Beginn des
Parkplatzes, noch vor Überqueren
des Bachs, rechts abzweigt. Eine
Holzbrücke führt über den Wasserlauf, dann geht es am linken Talrand
bergab. Dank der Feuchtigkeit präsentiert sich der Lorbeerwald hier
besonders üppig. Knorrige Baumriesen ragen zu beiden Seiten des
Wegs auf.

Erneut quert der Weg den Bach
(1 Std.). Wenige Schritte weiter erhebt sich mitten im Wald die strahlend weißgetünchte **Ermita Nuestra
Señora de Lourdes.** Eine Marmor-
tafel neben der Tür erinnert an die
1964 verstorbene Engländerin Flo-
rencia Stephen Parry, die in den 30er
Jahren die Kapelle stiftete. Meist
ist der Eingang verschlossen, doch
erlaubt ein Fenster den Blick ins
schlichte Innere. Unterhalb der Ermita gibt es einen Picknickplatz mit
Grillstelle. Dort feierten die Gomeros
früher alljährlich im September die
beliebte Fiesta zu Ehren der Jungfrau
von Lourdes. Nach der Waldbrand-
katastrophe von 1984 (s. Tour 2)
wurde das Fest wegen der Feuerge-
fahr verboten.

Der Weg führt am Vorplatz der Kapelle vorbei und gleich dahinter abwärts. (Der hier rechts bergauf abzweigende Pfad wird ignoriert.) Man
hält sich nun oberhalb des Cedro-
Bachs, der zur Linken im Talgrund
rauscht. Riesige Wedel des Wurzeln-
den Kettenfarns, des größten wild-
lebenden Farns der Kanarischen Inseln, säumen die Ufer. An einer **Weggabelung** (1.15 Std.) geht man rechts
auf dem sichtlich stärker begange-
nen Pfad. Ein Teil des Wassers aus
dem Cedro-Bach wird an dieser Stelle abgeleitet und fließt durch einen
schmalen Erdkanal, dem der Weg
nun folgt. Wenige Minuten später ist
unvermittelt der **Waldrand** erreicht,
und der Blick fällt auf die verstreut
liegenden Häuser des kleinen **Weilers Caserio El Cedro.** Man geht
rechts auf die ersten Häuser zu und
folgt einem deutlich erkennbaren
Fußweg durch die ehemalige Bau-
ernsiedlung, die sich heute nur noch
an Wochenenden belebt. Obstbäume stehen neben den zu schmucken
Ferienhäusern herausgeputzten Katen, Ziegen weiden auf den ehemaligen Terrassenfeldern – ein idylli-
sches Bild.

Nach 1.45 Std. treffen wir auf einen **breiteren Feldweg,** dem nach
rechts, auf ein Transformatorenge-
bäude zu, gefolgt wird. Die Wiesen-
terrassen zur Linken sind von einem
hohen Zaun umgeben, um Ziegen
daran zu hindern, hier zu weiden. Es
handelt sich um das Gelände der
**Granja Experimental Agraria El
Cedro,** eines landwirtschaftlichen
Versuchsguts, das von der Inselregierung eingerichtet wurde. Ein
Fahrweg, der hinter dem umzäunten
Gelände links bergab führt, bleibt
unbeachtet. Gleich darauf stehen
wir im Scheitel einer Spitzkehre. Zur
Linken lädt nach etwa 50 m die einfache **Kneipe Casa Prudencio** mit
Holzbänken und Tischen auf einer
Sonnenterrasse zur Rast ein.

Anschließend geht es zur Spitzkehre zurück und auf der oberen,
hier asphaltierten Straße weiter.
Jetzt beginnt ein recht kräftezehren-
der Aufstieg, für den allerdings
zunächst der Ausblick über das reiz-

Ermita N. S. de Lourdes

volle Tal von El Cedro entschädigt. Nach knapp 2 Std. Gesamtgehzeit taucht der Fahrweg wieder in den **Lorbeerwald** ein. Hier zweigt links ein asphaltierter Weg ab, den wir nicht beachten. Bald darauf geht unsere schmale Straße in einen lehmigen Fahrweg über, der nun nicht mehr ganz so steil ansteigt. In einer Kurve weist zur Rechten ein **Schild** Richtung »La Ermita«. Wir aber halten uns weiter auf dem breiten Weg. Bald ist eine Gabelung erreicht, die wir bereits vom Hinweg kennen. Hier geht es links zum Ausgangspunkt der Wanderung zurück (2.30 Std.).

Tour 24

Zum Heiligen Baum

Von San Andrés zum Arbol Santo und nach Las Montañetas

Auf der von Vulkankegeln beherrschten Hochebene Nisdafe führt der Rundwanderweg durch üppig grüne Weidelandschaft zum Arbol Santo, dem heiligen Baum der Ureinwohner, und weiter zum malerischen Weiler Las Montañetas.

DIE WANDERUNG IN KÜRZE

++
Anspruch

3.30 Std.
Gehzeit

300 m
An-/Abstieg

Charakter: Feldwege, zum Teil steinig

Einkehrmöglichkeiten: In San Andrés gibt es an der Hauptstraße mehrere einfache Restaurants.

Anfahrt: Mit dem Pkw: Am westlichen Ortsrand von San Andrés verläßt man die Hauptstraße und fährt nach Norden in Richtung Mirador de la Peña. Nach etwa 500 m ist der Parkplatz »Raya Cuatro Esquinas« erreicht. **Mit dem Bus:** Linienbus von Valverde (täglich), La Restinga (täglich außer So) oder Frontera (täglich) nach San Andrés. Von dort zu Fuß ca. 500 m bis zum Ausgangspunkt

---

Bei der »Raya Cuatro Esquinas« mit ihrer sorgfältig gefaßten Quelle handelt es sich um eine wichtige Station auf dem Camino La Virgen, der hier die Straße kreuzt. Der alte Hirtenweg führt entlang des zentralen Gebirgskamms von der Hochfläche La Dehesa nach Valverde. Er wird auch von der berühmten *bajada* benutzt, der Prozession, die alle vier Jahre anläßlich des Festes zu Ehren der Inselheiligen Virgen de los Reyes stattfindet; er ist daher als **Camino La Virgen** bekannt.

Wichtige Stationen auf dem Prozessionsweg sind die *rayas* (Spanisch für Grenzen), wo Vertreter des jeweils nächsten Orts in ihrer typischen Tracht auf den Festzug warten, um die Führung durch ihre Gemarkung zu übernehmen. Stets befinden sich Wasserstellen an

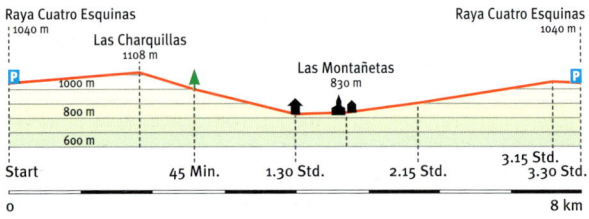

| Raya Cuatro Esquinas 1040 m | | Las Charquillas 1108 m | | Las Montañetas 830 m | | | Raya Cuatro Esquinas 1040 m |

Start   45 Min.   1.30 Std.   2.15 Std.   3.15 Std. / 3.30 Std.

0   8 km

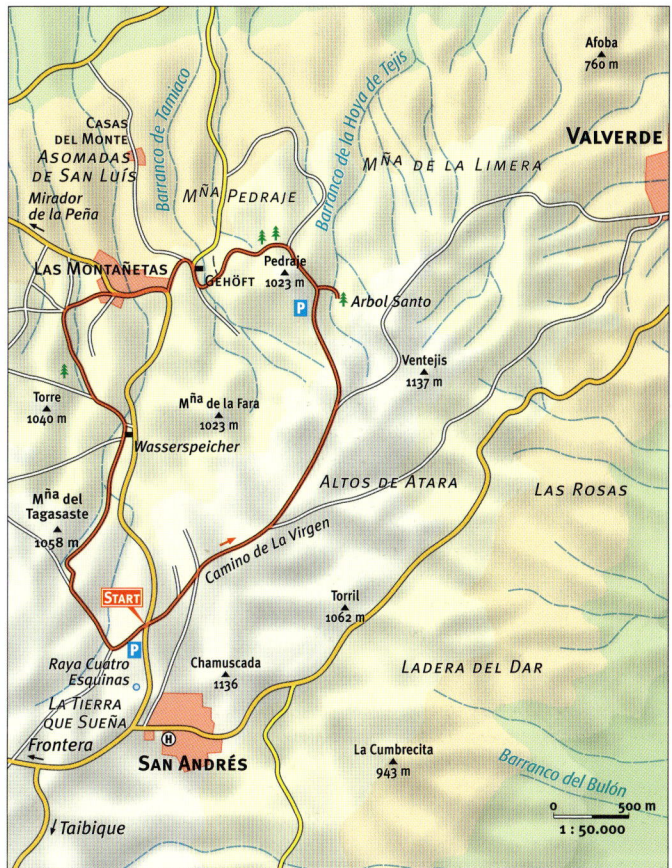

den *rayas,* an denen sich die Pilger erfrischen können. Die Viehhirten nutzen sie manchmal als Tränken.

Von der Quelle aus queren wir die Straße und folgen dem Camino La Virgen, einer breiten, von Kiefern beschatteten Waldpiste, in nordöstlicher Richtung. Hier ist bereits der Arbol Santo ausgeschildert. Einen Weg, der schon bald nach links abzweigt, lassen wir unbeachtet. Mit sanfter Steigung führt die Piste zu einer Kreuzung, wo es geradeaus weitergeht.

Nach 15 Min. Gehzeit gabelt sich der Fahrweg. Ein Schild weist nach links zum Arbol Santo. Hier verlassen wir den Camino La Virgen. Der folgende Anstieg ist asphaltiert, um den Einsatz landwirtschaftlicher Fahrzeuge zu erleichtern. Doch die Asphaltdecke endet schon nach etwa 200 m, und es geht nun sanfter bergauf. Die Spanische Golddistel, die im Frühsommer kerzenförmige gelbe Blütenstände treibt, säumt nicht nur in großer Zahl den Wegrand, sondern bedeckt auch die an-

119

Tour 24

Hochebene bei San Andrés

grenzenden Weideflächen – sie wird vom Vieh als Futter verschmäht. Wir laufen nun leicht bergab bis zu einer **Gabelung** (35 Min.), wo wir uns links, steil abwärts, auf dem hier wieder asphaltierten Fahrweg halten. Auffällige Schichten ockerfarbenen vulkanischen Tuffs und roter Lavaschlacke säumen den Wegrand.

Nach 45 Gehminuten ist ein kleiner Parkplatz erreicht, von dem rechts ein Fußweg abzweigt. Die Stelle ist dank einer mächtigen **Zypresse** nicht zu verfehlen. Folgt man dem Pfad, so trifft man schon nach wenigen Metern auf ein erstes Wasserloch. Weitere dieser beinahe kreisrunden Löcher, die zum Auffangen des Regenwassers dienen, wurden in die Felswand des angrenzenden kleinen Tals gegraben. Im schattigen Kessel des Talschlusses erhebt sich ein Stinklorbeer. Eine Gedenktafel erinnert an den berühmten **Arbol Santo** oder Garoé, der einst hier gestanden haben soll.

Wir kehren zum Parkplatz zurück und wählen nun den rechts abzweigenden, nicht asphaltierten Feldweg. Er führt, den Taleinschnitt zur Rechten, sanft bergab, von Agaven gesäumt. Nach etwa 200 m biegen wir links in einen Weg ein, der zu einem schmalen Sattel zwischen zwei Vulkankegeln hinaufführt. Dort treffen wir wiederum auf Wasser sammellöcher. Dann führt der breite, steinige Pfad, bei dem es sich – an der teilweise noch erhaltenen Pflasterung zu erkennen – um eine alte Verbindungsroute handelt, abwärts. Als Wanderweg wird der Camino neuerdings wieder gepflegt und von Vegetation freigehalten. Oberhalb einer hohen Steilstufe überquert er ein felsiges Bachbett und mündet dann in einen Feldweg. Diesem folgen wir nach rechts, also abwärts. Am Wegrand gedeihen hier neben einheimischen Baumarten auch riesige Eukalyptusexemplare. Dieser aus Australien importierte Baum benötigt für sein rasches Wachstum reichlich Wasser.

Ein einsames Bauernhaus wird passiert, dann gelangt man zu einer T-förmigen Gabelung. Nach links ist es nun nicht mehr weit bis zur Hauptstraße, die von San Andrés in den Norden der Insel führt.

Rechter Hand liegt dann das alte Dorf **Las Montañetas,** dessen Natursteinhäuser mit den roten Ziegeldächern seit den 8oer Jahren teilweise schmuck als Feriendomizile herausgeputzt wurden und einen Besuch lohnen. Viele andere Häuser sind allerdings weiterhin dem Verfall preisgegeben, denn der Ort wurde schon vor Jahrzehnten von seinen ursprünglichen Bewohnern verlassen. Las Montañetas gilt als eine der ältesten Siedlungen Hierros und soll schon Anfang des 15. Jh. von den normannischen Eroberern gegründet worden sein.

Wir durchqueren den Weiler auf der hier schnurgerade verlaufenden Straße. In der ersten Kurve hinter dem Ort zweigt ein breiter Feldweg nach links ab (1.45 Std.). Auf diesem hält man sich geradeaus und beachtet den gleich neben der Straße wiederum links abzweigenden Feldweg nicht. Man wandert nun durch intensiv genutztes Bauernland. Getreidefelder wechseln mit Viehweiden ab, alle sorgfältig von lose aufgeschichteten Steinmauern be-

grenzt. Nach insgesamt 1.50 Std. Gehzeit stehen wir an einer sternförmigen Kreuzung und wählen den links abzweigenden Weg, der von hohen Mauern eingefaßt ist. Es geht zunächst auf zwei mächtige Zypressen zu, die sich vor einem Vulkankegel erheben.

Die befahrbare Piste endet nun bald, und ein steiniger, aber immer noch sehr breiter, von Mauern begrenzter Fußweg führt immer steiler bergauf. Bei einer Baumgruppe wird der Weg sehr undeutlich, führt nur noch als schmaler Pfad über Weideflächen aufwärts. Zur Rechten sieht man am Hang des Vulkankegels Torre (1040 m) eine schwarze Sandgrube. Von dort kommt ein breiter Fahrweg, auf den wir nach 2.15 Std. Gehzeit stoßen. Zuvor muß allerdings noch eine niedrige Mauer überklettert werden.

Auf der Piste geht es dann links weiter, 5 Min. später gabelt sie sich bei einem modernen **Wasserspeicher.** Wir halten uns rechts. Schon nach etwa 50 m zweigt links ein schwer zu erkennender Weg ab. Zwischen Steinmauern geht es auf diesem zunächst in einer engen Kurve steil bergauf. Der folgende Wegabschnitt ist streckenweise recht zugewachsen. Der Weg mündet in ein trockenes Bachbett, dem man etwa 50 m aufwärts folgt. Dann verläßt der Weg den Talgrund nach rechts und führt, von Mauern eingefaßt, in einem schmalen Seitental weiter aufwärts. Der Wanderweg nähert sich nun immer mehr der rechts von uns liegenden Montaña del Tagasaste. Der Weg wird vorübergehend etwas undeutlicher, verläuft dann an der Flanke des Vulkankegels zwischen Mauern geradeaus weiter. Wenn man den Vulkankegel hinter sich gelassen hat, knickt der Weg nach links ab und erreicht wenig später eine breite Piste, auf der es links weitergeht. Voraus sind nun schon die ersten Häuser von San Andrés zu erkennen. Nach 3.15 Std. Gehzeit überquert die Piste eine flache Talmulde. Etwa 50 m weiter kreuzt der **Camino La Virgen** den Fahrweg. Hier zweigen wir links ab zum Waldrand, um zu unserem **Ausgangspunkt** zurückzukehren (3.30 Std.).

Der Regenbaum

Garoé nannten die Ureinwohner ihren Wunderbaum, der sie mit dem begehrten, auf Hierro schon immer knappen Trinkwasser versorgte, während der normannische Eroberer Jean de Béthencourt mit seinen Männern von den mitgebrachten, faulig gewordenen Vorräten zehren mußte. Beinahe schon war er entschlossen aufzugeben und weiterzusegeln. Doch dann verliebte sich die Häuptlingstochter Guarazoca in einen spanischen Kapitän und verriet ihm das Geheimnis des Garoé. Ein tonnenschwerer Steinblock löste sich – so will es die Legende – aus dem Fels über dem Baum und erschlug das unglückliche Liebespaar. Die europäischen Siedler aber wußten nun von dem Regenbaum und konnten auf der kargen Insel überleben.

In einer Chronik von 1513 wird der Garoé oder Arbol Santo (heiliger Baum), wie ihn die Spanier nannten, erstmals schriftlich erwähnt. Dem Franziskanermönch J. Abreu y Galindo verdanken wir eine detaillierte Beschreibung aus dem Jahr 1602. Aus ihr geht hervor, daß es sich um einen Stinklorbeer von außergewöhnlicher Größe handelte. Rund 1000 Menschen – die gesamte damalige Bevölkerung im Nordosten Hierros – stillten angeblich mit Hilfe des Garoé ihren Durst. Täglich soll er mindestens 20 prallgefüllte Ziegenbälge mit bestem Trinkwasser geliefert haben, die er aus dem Wolkennebel auffing. Die Geschichte von dem wundersamen Baum wurde bald in alle europäischen Länder getragen. Anschauliche Darstellungen vermittelten dem interessierten Leser Bilder von halbnackten Wilden, die sich unter dem Garoé versammelten, um das Wasser, das ständig aus seiner Krone tropfte, in Gefäßen aufzufangen.

In Wirklichkeit wurde das Wasser jedoch in Löchern gesammelt, die man neben dem Baum in das Erdreich grub. Ein Posten hielt im Auftrag der Inselverwaltung ständig Wache und sorgte für eine gerechte Verteilung. Jeder Einwohner durfte pro Jahr sieben Ziegenbälge mit dem kostbaren Naß füllen, die Ratsherren von Valverde erhielten selbstredend ein wenig mehr. Im April 1610 wurde der heilige Baum durch einen Gewittersturm zerstört. Doch weiterhin sammelte sich in dem Talkessel reichlich Wasser. Von Norden heranziehender Wolkennebel setzt sich dort an Pflanzen und Felswänden ab. Undurchlässige Gesteinsschichten im Untergrund hindern das Wasser daran zu versickern. Bis heute existieren hier Erdlöcher, um Trinkwasser für das Vieh aufzufangen.

Einen neuen Arbol Santo pflanzte 1949 die Naturschutzbehörde ICONA an der Stelle, wo das Original einst gestanden hat. Der junge Baum ist mittlerweile stattlich herangewachsen. Ihm wird nachgesagt, bereits wieder reichlich Wasser abzutropfen – ebenso wie sein berühmter Vorgänger …

Kiefernwälder und Obstgärten

Von Hoya del Morcillo nach Taibique und zum Mercader

Durch ein sonnenverwöhntes Obstanbaugebiet sowie durch den Pinar, den größten und schönsten Kiefernwald der Kanarischen Inseln, führt diese Route. Vom Gipfel des Mercader genießt man eine wunderschöne Aussicht.

DIE WANDERUNG IN KÜRZE

++

Anspruch

3.30 Std.
Gehzeit

400 m
An-/Abstieg

Charakter: Gute Feld- und Waldwege

Einkehrmöglichkeiten: Keine

Anfahrt: Mit dem Pkw: Von der Straße, die Taibique (El Pinar) mit San Andrés verbindet, zweigt nördlich von Las Casas eine Nebenstrecke Richtung El Fayal ab. Diese beschreibt nach ca. 1,5 km eine auffällige

Spitzkehre, in deren Scheitelpunkt eine Waldstraße Richtung Hoya del Morcillo abzweigt. Dort gibt es Parkmöglichkeiten. **Mit dem Bus:** Mit dem Linienbus von Valverde oder La Restinga nach Las Casas (täglich außer So.), dann zu Fuß oder per Taxi ca. 4 km auf der Straße Richtung El Fayal

---

Ausgangspunkt ist der **Waldparkplatz Hoya del Morcillo,** von wo man zur Straße zurückkehrt und 50 m unterhalb des Scheitelpunkts der Spitzkehre einen breiten Waldweg, der von der Hauptstraße aus geradlinig bergab führt, einschlägt.

Dieser passiert eine Anlage der Forstbehörde, danach geht es durch lichten Kiefernwald weiter. Nach 20 Gehminuten treffen wir auf Mauerreste. Hier gabelt sich der Weg, wir halten uns rechts. Hinter einer Feigenplantage treffen wir auf einen asphaltierten Fahrweg, wo es rechts weiter geht, zunächst auf ein einsam stehendes Haus zu. Aber schon vor dem Haus, etwa 80 m hinter der Gabelung, biegen wir erneut rechts in einen Waldweg ein. Dieser führt auf einen zerfurchten **Vulkankegel** zu,

an dessen Hang Mandelbäume gepflanzt wurden (30 Min.).

Noch vor der Plantage beschreibt der Hauptweg eine Biegung nach rechts. An dieser Stelle zweigt man im spitzen Winkel links ab und folgt einem durch niedrige Steinpfosten markierten Pfad entlang eines Bachbetts. Nach weiteren 5 Min. ist der untere Waldrand erreicht, wo ein breiter, von hohen Mauern gesäumter **Feldweg** verläuft. Auf diesem geht man rechts durch Obstplantagen und nach insgesamt 45 Min. Wanderzeit trifft man auf eine **stille Landstraße** und hält sich rechts auf eine Hügelkette zu.

Zur Rechten erhebt sich die **Montaña de Juan León,** ein Vulkankegel, dessen Krater nach Süden geöffnet ist. Eine Abzweigung zum Krater (1

123

Std.) lassen wir unbeachtet. Wenig später endet die Asphaltdecke. Auf dem nun folgenden Wegabschnitt ergeben sich schöne Ausblicke Richtung Süden auf die Vulkanlandschaft bei La Restinga.

Nach 1.10 Std. Gehzeit kommt voraus der markante Vulkankegel Mercader in Sicht, der an dem Brandwachturm auf seinem Gipfel zu erkennen ist. Eine Abzweigung zur Linken ist durch eine Kette versperrt. Gleich darauf verlassen wir den Hauptweg, der an dieser Stelle eine Rechtskurve beschreibt, und gehen geradeaus steil hinab in die Senke **Hoya del Gallego** (1.15 Std.), die intensiv für Mandel- und Feigenkulturen genutzt wird. Die Abzweigung zu einem einsamen, verlassenen Bauernhaus lassen wir unbeachtet. Der Fahrweg biegt zunächst nach links und knickt 5 Min. später nach rechts ab. Wir aber halten uns weiter geradeaus auf einem schmaleren Fußweg, der von niedrigen Steinmauern begrenzt wird. Er führt uns aus dem Plantagenland heraus in einen lichten Kiefernwald und geht dort bald in eine undeutliche Fahrspur über, der wir weiter geradeaus folgen. Sie mündet in einen **breiteren Fahrweg,** auf dem wir, einen kleinen Vulkankegel zur Linken lassend, weiterlaufen, bis links hinter einer **Begrenzungsmauer** ein sichtlich oft benutzter Fahrweg zu einigen Gehöften abzweigt (1.30 Std.). Diesen schlagen wir jedoch nicht

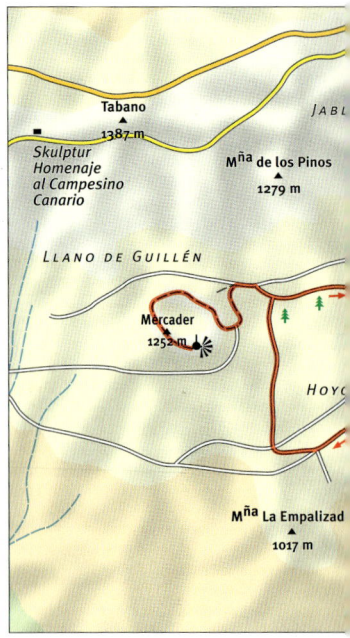

ein, sondern wenden uns auf einem wenig befahrenen, von Nadelstreu fast völlig zugedeckten Waldweg nach rechts.

Dieser stößt nach 1.45 Std. Gehzeit auf eine breite Piste, die von Hoya del Morcillo Richtung El Julán verläuft. Wir überqueren sie schräg nach links und folgen auf der gegenüberliegenden Seite einem Weg wiederum in den Wald hinein. Nach knappen 2 Std. Gehzeit biegt der Forstweg in eine von mächtigen Felsblöcken gesäumte Talsenke ein. In

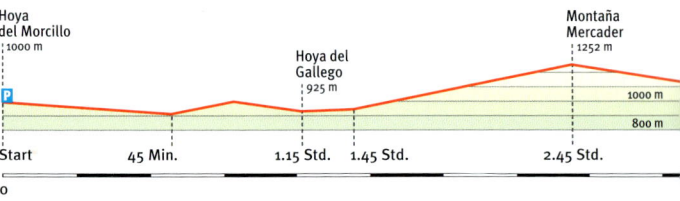

Map showing the area with locations: LAS CASILLAS, EL RISCO DE LOS HERREÑOS, ...EQUENA, ...ÑA DE LA CASILLA, START, Hoya del Morcillo, Haus, ...ALLEGO, ...DE JUAN LEÓN, EL PINAR, ...erl. ...auernhaus, Tajanara 910 m, TAIBIQUE, LAS CASAS, MIRADERO DE LAS PLAYAS, Playa de la Arena, Playa de los Cardones, PARADOR DE TURISMO, ...ÑA DE LAS LAPAS. Scale: 0 — 1 km, 1 : 55.000

dieser geht es weiter bergauf. Oberhalb einer Felsstufe gabelt sich das Tal. Der Weg folgt dem Felsrücken zwischen den beiden Einschnitten, einer erkalteten Lavazunge, steil aufwärts.

Der Anstieg mündet in eine Forstpiste (2.15 Std.), auf der man einen Abstecher zum Gipfel des Mercader unternimmt. Links aufwärts gelangt man bald an eine breitere Piste, auf der es wiederum links geht. Etwa 150 m weiter teilt sich der Fahrweg in mehrere Zweige. Wir folgen dem

Wegweiser links Richtung »El Julán«. Schon etwa 100 m weiter gabelt sich die Piste erneut, und wir gehen nun rechts Richtung »Montaña Mercader«. Gegen den Uhrzeigersinn schraubt sich der Weg um den Vulkankegel herum zum höchsten Punkt des Kraterrands der **Montaña Mercader** (1252 m). Die Feuerwachstation am Gipfel ist nach insgesamt 2.45 Std. Gehzeit erreicht. Dort bietet sich eine schöne Sicht über die gesamte Südseite Hierros.

Der Rückweg erfolgt zunächst auf gleiche Weise bis zu der Stelle, wo man, von der Lavazunge auf die **Forstpiste** stoßend, den Abstecher begonnen hat. (Achtung: Nicht versehentlich auf der breiten oberen Piste bleiben, die hangparallel verläuft und nach etwa 2,5 km in die Hauptstraße einmündet! Die Abzweigung ist durch Farbflecken markiert.)

Hoya del Morcillo
1000 m

3.30 Std.

11 km

Im Kiefernwald

Sanft bergab, an der Einmündung des vom Hinweg bekannten Pfads vorbei, windet sich die Forstpiste über eine lichtere Fläche hinweg und dann steiler hinab wieder in dichteren Wald.

Mehrere Fahrspuren, die von links einmünden, beachten wir nicht. In einer Talmulde zweigt bei einem Steinmännchen ein schmalerer Waldweg rechts ab, der uns nach 100 m zum **Waldparkplatz Hoya del Morcillo** führt. (3.30 Std.).

Hoya del Morcillo

Der Freizeitpark Hoya del Morcillo ist sonntägliches Ausflugsziel einheimischer Familien und dient auch oft als Ferienlager für Jugendliche von den Nachbarinseln mit seinen Picknickeinrichtungen. Eine Gedenktafel erinnert daran, daß von hier aus 1992 die Spanier Jesús González Green und Tomás Feliú zum ersten Ballonflug um die Welt starteten. Erstes Etappenziel war Venezuela.

Geheimnisvolle Zeichen

Zu Los Letreros de Julán

Durch lichten Kiefernwald und später auf einem kargen Lavarücken geht es stetig bergab bis zu den Ruinen einer altkanarischen Tempelanlage. Nicht weit davon findet man rätselhafte Steingravuren.

DIE WANDERUNG IN KÜRZE

+++
Anspruch

4 Std.
Gehzeit

700 m
An-/Abstieg

Charakter: Steiniger, stellenweise stark zerfurchter, aber breiter Weg; der Rückweg ist durch den steilen, großenteils schattenlosen Anstieg recht kräftezehrend.

Einkehrmöglichkeiten: Keine

Anfahrt: Mit dem Pkw: Zunächst wie bei Tour 25. Auf der Piste über den Waldparkplatz Hoya del Morcillo hinausfahren. Etwa 4 km weiter passiert man zunächst die Abzweigung zur Montaña Mercader. Kurz darauf sieht man zur Linken ein Metalltor, ca. 5,5 km ab Hoya del Morcillo gabelt sich die Piste. Wir folgen dem schmaleren Fahrweg nach links. Nach etwa 100 m zweigt links steil abwärts ein Weg ab, den wir nicht

beachten. Ein kleines Holzschild weist nach rechts Richtung »Los Letreros«. Hier gibt es Parkbuchten.

Mit dem Bus: Linienbus von Valverde oder La Restinga nach Taibique (täglich außer So.). Zu Fuß bis zum Ausgangspunkt etwa 2 Std. (vom Campinggelände Hoya del Morcillo ca. 1.15 Min. pro Strecke, siehe Anfahrt)

Hinweis: Zur Besichtigung der archäologischen Stätte ist eine Genehmigung erforderlich, die man zuvor beim Fremdenverkehrsamt in Valverde, Calle Licenciado Bueno 3 (Mo.–Sa. 8.30–14.30 Uhr), persönlich (Personalausweis) einholen muß. Sie wird unbürokratisch und ohne längere Wartezeiten erteilt.

Bei den **Parkbuchten** an der Piste vom Freizeitpark Hoya del Morcillo zur Ermita de los Reyes passiert man eine verfallene Feldmauer, bevor es dann in den Wald hineingeht. Ab hier ist der Weg mit dem Pkw nicht mehr befahrbar.

Hinter der nächsten Kurve ist die Piste von den Behörden durch ein

Gatter (15 Min.) auch für Geländewagen unpassierbar gemacht worden. Zu Fuß kann man sich auf der rechten Seite vorbeizwängen. Dann geht es in unzähligen, weit ausgezogenen Serpentinen zügig bergab. Zunächst führt der breite, aber durch Regenwasser stark zerfurchte Weg noch durch lichten Kiefernwald, doch je tiefer man gelangt, um so schütterer wird der Bewuchs. Der Blick wird nun auf die Küstenregion frei. Man schaut von der Lavalandschaft El Lajial im Südosten bis zum Leuchtturm von Orchilla nahe der Westspitze Hierros. In Meeresnähe ist schon unser erstes Ziel zu erkennen, ein auffälliger Steinkreis mit einem Aufbau am östlichen Rand.

Nach ca. 1.15 Std. folgen wir einem Pfad links bergab durch einen **flachen Barranco,** direkt auf den Steinkreis zuhaltend. Wenige Minuten später geht es auf einem breiten, sandigen Weg weiter rechts bergab, und nach ca. 1.30 Std. steht man an der **prähistorischen Tempelanlage von El Julán.** Ein Mitarbeiter der Forstbehörde ist normalerweise hier stationiert, um die Erlaubnisscheine für den Besuch der archäologischen Stätten zu kontrollieren. Er weist auch – allerdings nur auf Spanisch – den Weg zu den einzelnen Sehenswürdigkeiten.

Zunächst passiert man ein wabenartiges System aus kleinen Steinkreisen – wohl der ehemalige Pferch für Opfertiere. In Zeiten anhaltender Dürre wurden Ziegenmütter und ihre Lämmer getrennt voneinander eingesperrt. So ist es zumindest von Teneriffa überliefert. Das verzweifelte Blöken der Tiere sollte die Gottheit dazu veranlassen, es endlich regnen zu lassen. Auf einem Felsvorsprung Richtung Küste

ist ein größerer, doppelwandiger Steinkreis zu erkennen, wohl ein prähistorischer Tempel, der allerdings fälschlicherweise als Tagoror restauriert wurde.

Die berühmten **Schriftzeichen von El Julán** befinden sich etwa 15 Gehminuten entfernt auf einem Felsrücken westlich der Tempelanlage, also Richtung Leuchtturm. Man gelangt dorthin auf einem schmalen, markierten Pfad durch einen flachen Barranco. Am Wegrand ist ein *Conchero* angeschnitten, eine Art Abfallhaufen der Ureinwohner. Ihre festlichen Mahlzeiten bestanden, wie man sich überzeugen kann, vorwiegend aus Schüsselschnecken der Gattung Fatella, deren napfförmige, kantig gerippte Gehäuse an Muschelschalen erinnern. Daneben sind die gewundenen Gehäuse der Purpurschnecke zu finden, aber auch die Überreste von Seepocken. Außerdem findet man Holzkohlestücke und mit etwas Glück auch Keramikscherben oder spitze Steinwerkzeuge, die zum Aufbrechen der Gehäuse und Herausziehen der Schnecken dienten.

Zwei schmale Lavazungen bedecken den angrenzenden Höhenrücken. In ihre glatte Oberfläche wurden mit Steinwerkzeugen die **Petroglyphen** geritzt. Sie ziehen sich weit zum Meer hinunter. Hält man sich hingegen bergwärts, so gelangt man nach wenigen Metern zu einer

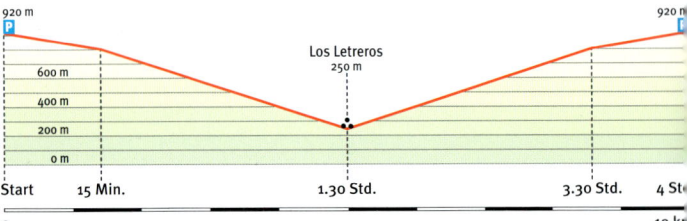

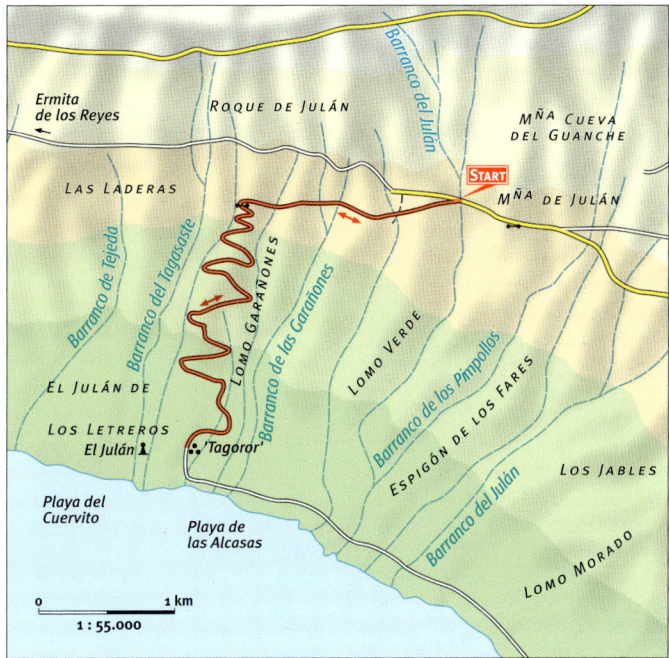

ovalen Steinsetzung – hier handelt es sich um einen echten **Tagoror,** der nicht durch Restaurierungsmaßnahmen verfälscht wurde.

Auf demselben Weg geht es nun nach der Besichtigung zum **Ausgangspunkt** der Wanderung zurück (4 Std.).

El Julán

El Julán ist eine der bedeutendsten archäologischen Stätten der Kanarischen Inseln. Über ein ca. 30 km² großes Areal im Südwesten Hierros verteilt, wurden Mauerreste, Wohn- und Begräbnishöhlen, *Concheros* (Schalenhaufen) und Felsgravuren (Petroglyphen) gefunden. In dem heute unbewohnten Gebiet scheint sich ein Siedlungsschwerpunkt der

Bimbaches befunden zu haben. Es gibt Hinweise darauf, daß hier einst reichlich Wasser zu finden war.

Erstmals machte 1779 J. de Urtusáustegui auf die Petroglyphen von El Julán aufmerksam. Der von Hierro stammende Pfarrer Aquilino Padrón begann sich 1870 genauer mit den Funden auseinanderzusetzen. Seine Beschreibungen wurden durch Vermittlung des französischen Konsuls auf Teneriffa, Sabin Berthelot, der selbst leidenschaftlicher Naturforscher war, veröffentlicht. Sie lösten eine Welle der Begeisterung in der Wissenschaft aus. Archäologen aus ganz Europa kamen nach Hierro, um die Schriftzeichen zu entziffern. Der österreichische Kanarenforscher Dominik Josef Wölfel stellte mehrere Übergangstypen zwischen bildhaften Petroglyphen und der li-

129

bysch-berberischen Alphabetschrift fest und stellte die Gravuren von El Julán in eine Reihe mit den berühmten Sinai-Inschriften. Allerdings gelang bis heute nur eine äußerst bruchstückhafte Deutung.

Padre Aquilino Padrón hatte El Julán noch in relativ unversehrtem Zustand vorgefunden, ebenso der französische Naturforscher René Verneau, der Ende des 19. Jh. ein altkanarisches Heiligtum mit Tempel, Opferaltar, Pferchen für Opfertiere und Priesterzellen in der Nähe des Petroglyphenfundorts beschrieb. Erst in jüngerer Zeit kam es zur teilweisen Zerstörung dieser archäologischen Stätte. Hirten bauten eine Zisterne mitten in die prähistorischen Mauerreste hinein. Auch entfernten sie immer wieder behauene Steinplatten aus den Ruinen, um sie als Sitzsteine zu nutzen. Gedankenlos wurde eine Piste in die Landschaft planiert und dabei ein *Conchero* und zwei Opferaltäre dem Erdboden gleichgemacht. Zu alledem führten Archäologen eine nach Ansicht von Kritikern völlig unsachgemäße Restaurierung der Tempelanlage durch, die sie (wohl fälschlich) als Ratsplatz (Tagoror) des Herrschers von Hierro deuteten. So erhielt der doppelwandige Rundbau an seiner Ostseite einen hervorgehobenen Häuptlingssitz, ohne daß es archäologische Hinweise auf dessen Vorhandensein gegeben hätte.

Unverantwortliche Sammler und Kunstspekulanten brachen Gesteinsbrocken mit Schriftzeichen aus dem Fels, nachdem das spanische Fernsehen die archäologische Stätte einem breiten Publikum bekanntgemacht hatte. So sind heute nur noch rund 50 % der ursprünglich vorhandenen Gravuren erhalten. Um weiterem Vandalismus vorzubeugen, werden die Petroglyphen heute bewacht und sind nur noch mit schriftlicher Genehmigung der Inselverwaltung zu besichtigen.

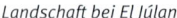

Landschaft bei El Júlan

Der verzauberte Märchenwald

Durch den Fayal zur Fuente del Lomo

Auf romantischen Pfaden geht es durch dichten Dschungel aus Gagelbäumen und Baumheide zu uralten Quellen, zu einem Hexentanzplatz und zum Mirador del Golfo, wo sich bei klarem Wetter eine hervorragende Aussicht bietet.

DIE WANDERUNG IN KÜRZE

++

Anspruch

1.30 Std.

Gehzeit

100 m

An-/Abstieg

Charakter: Gute Waldwege und -pfade

Einkehrmöglichkeiten: Keine

Anfahrt: Mit dem Pkw: Auf der Höhenstraße bis zur Kreuzung Raya de la Llania, wo in südlicher Richtung die Straße nach Taibique und La Restinga abzweigt. Auf dieser etwa 1 km fahren, bis links, durch einen Wegweiser beschildert, ein Waldpfad Richtung »Fuente del Lomo« abzweigt. **Mit dem Bus:** Linienbus von Valverde oder Frontera zur Raya La Llania (täglich). In diesem Fall beginnt man dort die Wanderung, muß dann allerdings zunächst ab- und später wieder aufsteigen.

Wir folgen dem schattigen Pfad Richtung »Fuente del Lomo« in den **Fayal** hinein. Riesige Gagelbäume (span.: *faya*) bilden einen dichten Wald. Eine Holzbrücke überspannt ein kleines Tal, und kurz darauf passiert man einige nicht mehr genutzte Wassersammellöcher. Mit sanfter Steigung geht es nun bergauf. Baumheide (Erica arborea) hat mittlerweile die Gagelbäume fast ganz abgelöst. Undeutliche Abzweigungen zur Rechten und zur Linken bleiben unbeachtet. Nach insgesamt 10 Gehminuten queren wir einen schmalen Fahrweg und halten uns weiter geradeaus. Nach etwa 50 m treffen wir erneut auf den Fahrweg und gehen jetzt auf diesem rechts. Der Wald lichtet sich, zur Rechten erhebt sich ein üppig begrünter Vulkankegel. An einer **Gabelung**, wo eine Gruppe mächtiger Zypressen steht (20 Min.), gehen wir links weiter, dem durch Kantensteine markierten Weg folgend.

Bald führt er steil in einen schattigen Talgrund hinab, dem man weiter abwärts folgt. An der Einmündung eines weiteren kleinen Tals knickt der Weg nach links in dieses hinein ab. Gleich darauf steht man an einer überdachten Zisterne, in der das Wasser der **Fuente del Lomo** gesammelt wird (30 Min.). Ziegenherden werden zur Tränke hierhergeführt, und auch die Hirten gönnen sich einen Schluck von dem – nicht immer ganz klaren – Wasser.

Ein Schild weist im spitzen Winkel den Weg aufwärts zum »Bailadero de las Brujas«. Zur Rechten kommt

Im Märchenwald El Fayal

bald ein Kiefernwald in Sicht. Hier gabelt sich der Weg und wir folgen dem schmaleren Zweig nach links, wo Markierungssteine am Wegrand wiederum die richtige Richtung weisen. Zur Rechten verläuft nun die Höhenrückenstraße. Wir unterqueren sie durch einen Tunnel. Dahinter geht es nach rechts aufwärts zu einem Lapilli-Feld (40 Min.), dem **Bailadero de las Brujas** (Hexentanzplatz). Hier versammelten sich in Vollmondnächten bis in die jünste Vergangenheit hinein die ›Hexen‹ von Hierro.

Nun halten wir auf einen Kiefernwald zu. Dort steht ein **Wegweiser,**

dem wir nach links Richtung »Mirador del Golfo« folgen. Bald tritt der Pfad aus dem Wald heraus auf eine Schneise, wo wir über lockere Vulkanasche steil nach rechts bergauf wandern. Dann knickt er – nun wieder als deutliche Spur – nach links ab und führt hangparallel in einen dichten Wald aus Baumheide und Gagelbaum. Den Boden bedecken hier die Blätter der Maulbeerblättrigen Brennessel, mit denen man keine nähere Bekanntschaft machen sollte, denn sie erzeugen auf der Haut ein heftiges und anhaltendes Brennen. Die Baumstämme sind dicht mit Moos bepolstert, Flechtenbärte hängen von den Zweigen herab.

Über ein Aschefeld gelangt man zu einem gemauerten Aussichtsbalkon, dem **Mirador del Golfo** (1 Std.), von dem man bei wolkenfreier Witterung einen wunderbaren Ausblick über die Bucht von El Golfo genießt. Anschließend geht es abwärts, dem **Wegweiser »La Llania«** folgend, wieder in den Wald hinein. 5 Min. später ist die Höhenrückenstraße bei der Abzweigung Richtung »Ermita de los Reyes« erreicht. Diese Stelle nennen die Einheimischen **Raya de La Llania.** Es handelt sich um eine der Stationen auf dem alten Prozessionsweg Camino La Virgen (s. Tour 24). Wenige Schritte zur Linken sprudelt eine gefaßte Quelle, an der man sich erfrischen kann.

Anschließend überqueren wir die Straße und folgen direkt gegenüber einem breiten Waldweg, verlassen diesen aber bereits nach ca. 10 m, schon vor einer Lichtung, auf einem schmalen Fußweg nach rechts. Einer flachen, feuchten Talsenke folgend, geht es durch dichten Wald weiter. Abzweigungen nach rechts oder links bleiben unbeachtet. Dann be-

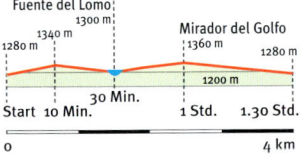

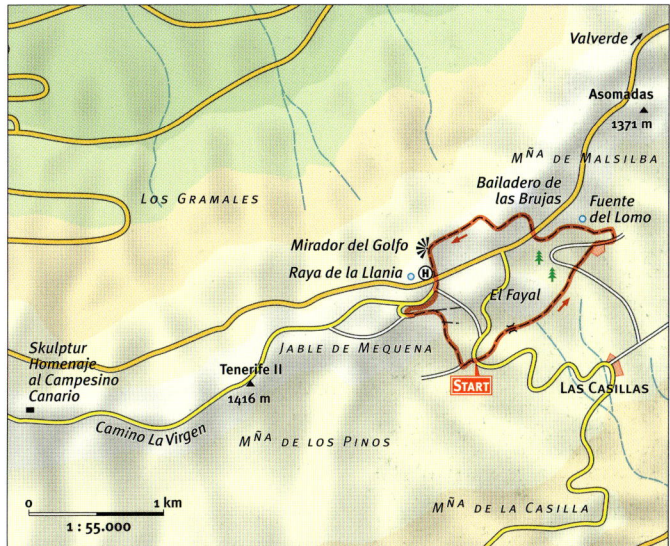

schreibt der Pfad eine Linkskurve und trifft auf einen **breiten Waldweg** (1.15 Std.), auf dem wir links gehen. Er folgt zunächst dem Bachbett in der Gegenrichtung, biegt aber 5 Min. später an einer Gabelung nach rechts ab. Er ist von Kantensteinen eingefaßt und daran zweifelsfrei zu erkennen. Etwa 20 m weiter gabelt sich der Weg erneut, wir halten uns wiederum rechts.

Dann geht es geradeaus weiter, ein paar undeutliche Abzweigungen bleiben unbeachtet. Man verliert rasch an Höhe. Nur wenige Minuten später trifft man auf einen breiteren Weg, der etwa hangparallel verläuft. Ihm folgen wir nach links und erreichen wenig später den **Ausgangspunkt** (1.30 Std.).

Gagelbaum und Baumheide

In Lagen ab etwa 1200 m, auf relativ trockenen Bergrücken und an den Übergängen zur Südseite der Inseln ist der Lorbeerwald häufig mit Gagelbaum und Baumheide, von den Einheimischen *brezo* genannt, durchsetzt. Auf dem trockeneren Hierro ist dies auch an großen Teilen der Nordabhänge der Fall. Beide Arten vertragen mehr Trockenheit und größere Temperaturunterschiede als die Lorbeergewächse. Oft sind sie an den genannten Standorten die einzigen Bäume. Solche Bestände nennt man *Fayal-Brezal*. Sie nehmen heute größere Flächen ein, als dies von Natur aus der Fall wäre, da die Lorbeerbaumarten vor allem in Siedlungsnähe oft nach wiederholtem Holzeinschlag verschwanden.

Der letzte Wacholderhain

Von der Ermita de los Reyes zum Sabinar

Vom bedeutendsten Heiligtum Hierros, der Ermita de los Reyes führt der Weg zum Sabinar, einem Wacholderwald mit uralten, knorrigen Baumexemplaren und zum Mirador de Basco mit herrlicher Aussicht über die weitgeschwungene Bucht von El Golfo.

DIE WANDERUNG IN KÜRZE

++
Anspruch

3 Std.
Gehzeit

300 m
An-/Abstieg

Charakter: Feldwege, kurzfristig auch wegloses Gelände

Einkehrmöglichkeiten: Keine

Anfahrt: Mit dem Pkw: Auf der Höhenstraße bis zur Kreuzung Raya de la Llania, dort in westlicher Richtung über den zentralen Höhenrücken weiter bis zur Ermita de los Reyes. Auch von Sabinosa führt eine Straße über die

Playa del Verodal an der Nordwestspitze der Insel zur Ermita de los Reyes.
Mit dem Bus: Linienbus von Frontera nach Sabinosa (Mo., Do., Sa.). Ein teils gepflasterter, steiniger Serpentinenweg führt vom westlichen Ortsteil oberhalb der Kirche in etwa 1.30 Std. steil bergauf zu einem Wendeplatz am Rand der Hochfläche La Dehesa, wo man auf den Wanderweg trifft.

Vom **Parkplatz** an der **Ermita de los Reyes** folgen wir der asphaltierten Straße noch bis zu deren Ende und gehen dann auf einer breiten Piste weiter. Nach 10 Gehminuten sehen wir auf der linken Seite, direkt neben dem Weg, einen auffälligen Felsblock, die **Piedra del Regidor** (Stein des Vogts). Es handelt sich um eine

riesige vulkanische Bombe, also einen aus einem Vulkan ausgeworfenen Lavafetzen, der im Flug durch Rotation eine beinahe kugelförmige Gestalt angenommen hat und erstarrt zu Boden gefallen ist. Diese Stelle ist eine wichtige Station auf dem Prozessionsweg anläßlich der *bajada de la Virgen*.

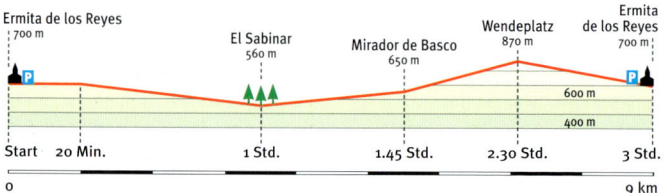

Einen Feldweg, der an dieser Stelle rechts abzweigt, beachten wir nicht. (Auf dem Rückweg werden wir hier herunterkommen.) Auch wählen wir nicht die links aufwärts führende, schmalere Piste. Wir gehen vielmehr geradeaus auf der breiten Piste weiter. Sie umrundet einen Vulkankegel. Im Bogen geht es durch lichten Kiefernwald sanft bergab, ein **Gatter** passierend (20 Min.), das, sofern es verriegelt angetroffen wird, nach dem Durchgehen wieder verschlossen werden sollte. Der Weg hält nun die Höhe und führt durch eine karge, lichtdurchflutete Landschaft. Niedrige Begrenzungsmauern ehemaliger Felder deuten darauf hin, daß dieses Gebiet einst intensiv landwirtschaftlich genutzt wurde. Heute wächst hier karges, niedriges Gebüsch, und nur die am Wegrand gepflanzten, imposanten Zypressen spenden ein wenig Schatten. Am Ende der Zypressenallee, wo die Piste eine Linkskurve beschreibt (40 Min.), zweigt rechts ein Feldweg ab, den wir unbeachtet lassen.

5 Min. später stehen wir an einer Gabelung, wo Schilder nach rechts den Weg zum »Mirador de Basco« und nach links Richtung »El Sabinar« weisen. Wir wählen zunächst den linken. Es geht sanft bergab, wobei sich schöne Ausblicke aufs Meer bieten. Der berühmte **Wacholderwald El Sabinar** ist nach 1 Std. Gehzeit erreicht. Neben dem dortigen

Windgepeitschter Wacholder

niedrigen Kiefernwald sanft bergauf. Nach 1.45 Std. steht man recht unvermittelt auf einem gemauerten Aussichtsbalkon, dem **Mirador de Basco,** der hoch über der Steilküste schwebt. Von hier ergibt sich ein wunderbarer Ausblick über das weite Halbrund der Bucht von El Golfo. Während die angrenzenden größeren Höhen sich oft schon in Wolken hüllen, ist es am Mirador meist noch sonnig. Der Platz bietet sich für eine Rast an, da es sogar eine Wasserstelle gibt. Nach wie vor gibt die halbkreisförmige, von über 1 000 m hohen Wänden umgebene Bucht von El Golfo Rätsel auf. Manche Wissenschaftler wollen in ihr eine *Caldera* (Kessel) sehen, einen riesigen Einsturzkrater, der teilweise im Meer versunken sei. Nach neueren Forschungen neigt man hingegen zu der Ansicht, daß zwar der Rand von El Golfo als Rest eines einstmals viel größeren Vulkandoms anzusehen ist, die Bucht jedoch – durch tektonische Risse begünstigt – im wesentlichen durch Erosion entstanden ist.

Dann geht es zunächst auf dem breiten Weg zurück bis zu dem **betonierten Bachbett.** Dieses überqueren wir und verlassen gleich darauf bei einem Steinmännchen den Weg nach links. Querfeldein gehen wir am Rand des kleinen Tals aufwärts über aufgelassene Felder, wobei wir den Wald stets zu unserer Linken lassen. Bald versperrt eine dicht mit Flechten bewachsene Steinmauer den Weg. Dem geübten Wanderer wird die Überquerung keine Schwierigkeiten bereiten, wobei man sich nun etwas weiter vom Waldrand entfernt, nach rechts, halten sollte. 50 m oberhalb treffen wir auf den Beginn eines breiten, von Mauern eingefaßten Feldwegs. Auf diesem geht es nun steil bergauf.

Parkplatz am Ende der Piste erhebt sich eine äußerst fotogene *Sabina,* wie der Phönizische Wacholder von den Einheimischen genannt wird. Weitere uralte, windgepeitschte Exemplare trifft man talabwärts in lockerem Bestand an. Ein schmaler Pfad führt dorthin. Jahrhundertelang wurde das Holz dieser Bäume, das als besonders wertvoll gilt, von der Bevölkerung als Brenn- und Baumaterial und zur Möbel- und Geräteherstellung intensiv genutzt. Der *Sabinar* von Hierro steht als letzter größerer Wacholderhain der Kanarischen Inseln heute unter Naturschutz.

Anschließend steigt man zurück zur Weggabelung (1.30 Std.) und folgt nun der Beschilderung »Mirador de Basco« nach links. 5 Min. später ist eine weitere Gabelung erreicht, wo man sich rechts hält. Ein mit Beton ausgekleidetes Bachbett wird überquert, dann geht es durch

An einer Weggabelung sieht man die Wassersammelfläche einer **kleinen Zisterne** (2.15 Std.). Den schmalen Weg, der hier rechts abzweigt, lassen wir unbeachtet. Geradeaus geht es nun sanfter bergauf weiter. Wenige Minuten später stehen wir wieder an der Kante der Steilküste und können noch einmal den Blick über El Golfo genießen. Von nun an verzweigt sich unser Weg mehrmals, wobei wir uns stets geradeaus auf dem sichtlich häufiger genutzten Fahrweg halten. Zur Rechten blickt man weit über die Hochfläche der Dehesa.

Nach 2.30 Std. zweigt links ein breiter Fahrweg im spitzen Winkel ab. Folgt man ihm etwa 100 m bergauf über eine Kreuzung mit Wegweisern hinweg geradeaus, so gelangt man wiederum an die Steilküste, wo der Fahrweg endet. Der **Wendeplatz** ist durch einen abgestorbenen Baumstamm mit auffällig im rechten Winkel abstehenden Zweigen gekennzeichnet. (Hier beginnt ein Pflasterweg, auf dem Nichtmotorisierte von Sabinosa herauf- und wieder hinabsteigen können.)

Wir gehen zur Gabelung zurück und von dort auf dem unteren Fahrweg weiter. Zur Linken blüht im Frühjahr die Blättchenreiche Drüsenfrucht über und über leuchtend gelb. Der ginsterähnliche Strauch dient den Bauern als Viehfutter. Schon bald wandern wir wieder in die ehemalige Ackerlandschaft hinein, und der Weg wird von niedrigen Steinmauern gesäumt. Einige Zeit geht es nun sanft bergab, bis eine **Kreuzung** erreicht ist (2.45 Std.). Hier biegen wir rechts ab und laufen an einer Hecke aus knorrigen alten Feigenkakteen vorbei, die im Frühsommer kräftig gelb blühen und später süße, stachelige Früchte bilden. Nach weiteren 5 Min. ist ein **Metallgatter** zu passieren, das wieder verschlossen werden muß. Bei der **Piedra del Regidor** treffen wir auf die uns bereits bekannte Piste, der wir nach links zur **Ermita de los Reyes,** dem Ausgangspunkt der Wanderung, folgen (3 Std.).

Die Ermita de los Reyes

Die einsame Ermita de los Reyes birgt eine vielverehrte Marienfigur, die der Legende nach im Jahr 1546 am Dreikönigstag aufgefunden wurde, nachdem sie ein Schiff mit Kurs Richtung Kuba vor der Westküste Hierros verloren hatte. Noch im 16. Jh. errichteten die Hirten der Dehesa eine erste, einfache Kapelle für die Jungfrau der Könige *(Virgen de los Reyes),* die später zu einem Gebäudekomplex ausgebaut wurde, zu dem einige Pilgerschlafräume gehören. Nach der Dürrekatastrophe im Jahr 1614 beschloß man, die Statue in einer Prozession nach Valverde zu bringen.

Tatsächlich setzten daraufhin heftige Regenfälle ein. Dieses Wunder wiederholte sich im Jahre 1740. Seither wird alle vier Jahre mit großem Aufwand die Bajada de la Virgen gefeiert, ein Fest, das mehrere Wochen andauert. Das wichtigste Ereignis ist aber nach wie vor die eigentliche *bajada,* das Hinabtragen der Madonnenstatue über den Camino La Virgen nach Valverde. Erste Station auf dem Prozessionsweg ist der Stein des Vogts (Piedra del Regidor), an dem die Madonna früher dem Vogt oder Inselverwalter übergeben wurde. Heute übernehmen hier Vertreter der Ortschaft Sabinosa die Führung der Prozession bis zur nächsten *Raya* (Gemarkungsgrenze).

Tour 28

In den Monteverde

Auf der Pista de Derrabada zur Fuente Mancafete

Zum schönsten Lorbeerwald Hierros gelangt man auf einem Forstweg, der zunächst durch Wald, später durch Obstplantagen führt. In einem feuchten Taleinschnitt tritt eine der wenigen Quellen auf Hierro, die Fuente Mancafete, aus.

DIE WANDERUNG IN KÜRZE

++
Anspruch

Charakter: Breite Forst- und Feldwege, im letzten Abschnitt steiler, rutschiger Pfad

3 Std.
Gehzeit

Einkehrmöglichkeiten: Keine

400 m
An-/Abstieg

Anfahrt: Mit dem Pkw: In einer Spitzkehre an der Straße vom Höhenrücken nach Frontera zweigt in westlicher Richtung ein

Fahrweg ab, der mit »Pista de Derrabada« ausgeschildert ist, an ihrem Beginn parken.
Mit dem Bus: Linienbus von Frontera oder Valverde bis zur Pista de Derrabada (täglich)

Ausgangspunkt ist eine **Spitzkehre** an der Straße von Frontera nach Valverde, wo die »Fuente Mancafete« ausgeschildert ist. Auf einer breiten Waldpiste, der Pista de Derrabada, geht es sanft bergab. Baumheide, Gagelbaum und hier und da ein Exemplar des Kanarischen Lorbeers säumen den Weg. Im weiteren Verlauf ergeben sich immer wieder Ausblicke auf die geschwungene Bucht von El Golfo. Nach 35 Gehminuten wird nach rechts auch die Sicht auf

den westlichen Teil El Golfos frei. Hier ist der Wald lichter und geht nach unten in Buschland über. Der Forstweg führt nun in eine weite Talmulde hinein, in der die Bäume dank größerer Feuchtigkeit zu stattlicher Höhe heranwachsen.

Ein **Metallgatter** wird passiert (45 Min.) und anschließend wieder verschlossen. Wenig später wandern wir durch das landwirtschaftlich genutzte Gebiet von **Las Tabladas.** Kleine Obstplantagen säumen den Weg.

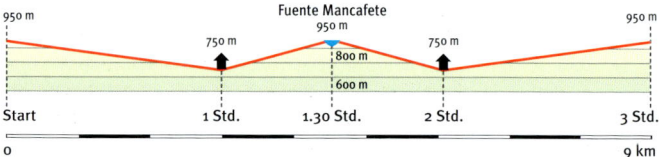

Hier gedeihen Äpfel und Zitrusfrüchte, Feigen, Aprikosen und Pflaumen. Nach einer Stunde Gehzeit gabelt sich der Weg. Wir halten uns links, der Beschilderung Richtung »Fuente Mancafete« folgend. Gleich darauf sehen wir links des Wegs ein einsames Haus. Von nun an geht es bergauf. Etwa 5 Min. später passieren wir die Einfahrt zu einer weiteren *Finca*, die rechts des Wegs etwas versteckt liegt. Unmittelbar dahinter zweigt rechts, durch einen kleinen Wegweiser markiert, ein Fußweg nach Sabinosa ab.

Wir aber halten uns auf dem breiten Feldweg weiter bergauf. Der steile Aufstieg führt schon bald wieder in den Lorbeerwald hinein. Unser Fahrweg mündet in einen **Wendeplatz**, in dessen Zentrum sich drei dicht beieinander stehende Exemplare des Gagelbaums erheben. Am oberen Rand des Platzes weist ein Schild auf die Fuente Mancafete hin. Dort spendet ein Wasserhahn kühles Naß. Ein Pfad führt den schmalen Taleinschnitt hinauf bis zu einer dicht bewaldeten Steilwand, die das Tal nach oben begrenzt. Hier befinden sich eine Reihe kleinerer Wassersammelbecken und eine Zisterne, an der eine Gedenktafel an ihre Errichtung im Jahre 1901 durch Don Antonio Pérez Rodríguez erinnert. Ein heute nicht mehr genutzter Kanal leitete früher Wasser aus einem nahegelegenen Felskessel in die Zisterne. Man kann auf einem steilen Pfad noch ein paar Meter in den dicht mit Farnen und Moosen bewachsenen Einschnitt hineinklettern und trifft dort noch auf zwei weitere, kleinere Zisternen. Das stetig aus der Felswand rieselnde Wasser wird oberhalb der beiden Sammelbecken in einem kurzen Kanal aufgefangen. Anschließend geht es auf dem schon bekannten Weg zurück zur **Straßenkehre** (3 Std.).

An der Fuente Mancafete

Steilwand der Riesenechsen

Von Las Puntas zum Mirador de la Peña

Ein restaurierter alter Pflasterweg führt durch die Felswand des Risco de Tibataje zum Aussichtsrestaurant am Mirador de la Peña, das von César Manrique, dem berühmten Künstler Lanzarotes, entworfen wurde.

DIE WANDERUNG IN KÜRZE

+++
Anspruch

4 Std.
Gehzeit

800 m
An-/Abstieg

Charakter: Steiniger Serpentinenweg; auf einer kurzen Wegstrecke ist es besser schwindelfrei zu sein.

Einkehrmöglichkeiten: Restaurant Escuela La Peña im Mirador de la Peña (Di.–So. 12.30–15.30 Uhr, Di.–Sa. 19.30–23.00 Uhr)

Anfahrt: Mit dem Pkw: Von Frontera nach Norden Richtung Las Puntas fahren. Am südlichen Ortseingang von Las Puntas, unmittelbar gegenüber der Abzweigung nach El Matorral, zweigt zwischen hohen Steinmauern ein Pflasterweg ab. Dort parken. **Mit dem Bus:** Linienbus von Frontera nach Las Puntas (Mi. und Fr.)

Gegenüber der **Abzweigung nach El Matorral** schlagen wir einen Pflasterweg ein, der zwischen hohen Steinmauern aufwärts führt. Hinter den Mauern verbergen sich Weinberge und Pfirsichkulturen, auf manchen Terrassenfeldern stehen aber auch Opuntien, auf denen man früher Cochenille-Läuse zog. Kleinere Abzweigungen bleiben unbeachtet. Wir folgen dem breiten Pflasterweg bis zum oberen Rand des Plantagenlands, wo von links ein weiterer, von Las Puntas kommender Weg einmündet (10 Min.). Hier geht es geradeaus weiter, auf einen dicht mit niedrigem Buschwerk bewachsenen Gesteinsschuttfächer zu. Nach etwa 15 Gehminuten ist erstmals die Felswand **Risco de Tibataje** erreicht. Dann schraubt sich der Weg in Ser-

pentinen einen weiteren, steilen Schuttkegel hinauf. Nachdem die Trasse vorübergehend schräg zum Hang verlaufen ist, folgen wiederum Serpentinen. Die Steigung ist jedoch so gehalten, daß es nie zu anstrengend wird.

Auf dem alten **Pflasterweg** am **Risco de Tibataje** wurde früher die sogenannte *muda* (Wechsel) vollzogen. Im Frühjahr stieg ein Teil der Bewohner El Golfos hinauf in die *barrios,* wie man noch heute die Dörfer Guarazoca, El Mocanal und Erese nennt. Dort ernteten sie Weizen und Gerste, die über den Winter gereift waren, und ließen anschließend ihr Vieh auf den Feldern weiden. Zu Beginn der unwirtlichen Jahreszeit, nach der Getreideaussaat im Herbst, zogen sie zurück in das klimatisch begünstigte Tal von El Golfo, wobei sie nicht nur Haustiere und Nahrungsmittel mit sich führten, sondern auch Küchengerät und sogar Möbel.

Immer eindrucksvoller wird der Blick zurück auf die Bucht von El Golfo. Die Felswand ist von den fleischigen Rosetten der Hierro-Rose, einer Äonium-Art, übersät, am Wegrand wachsen weiß und blau blühende Stauden verschiedener Natternkopfarten und die Stumpfblättrige Wolfsmilch. Mit zunehmender Höhe werden dann die Montpellier-Zistrosen häufiger, die in den Frühjahrsmonaten ihre kleinen weißen Blüten treiben.

Nach insgesamt 50 Min. Gehzeit lassen wir die vorerst **letzte Serpentine** hinter uns. Der Weg verläuft nun wieder schräg am Hang aufwärts und wird nur kurz durch einige enge Serpentinen unterbrochen, dann geht es – vorübergehend sogar sanft bergab – auf eine steile Felswand zu, die von feuerroten Gesteinsbändern durchzogen ist.

Nach 1.10 Std. muß eine **Steinlawine** gequert werden, die den Weg immer wieder zu verschütten droht. Auf diesen wenigen Metern können eventuell leichte Schwindelgefühle auftreten. Wenig später ist eines der roten Gesteinsbänder erreicht, dem der Weg nun für einige Zeit folgt. Bei genauem Hinsehen handelt es sich

um vulkanischen Tuff, der durch Eisenverbindungen seine leuchtende Farbe erhält. Eine dicht mit Vegetation bedeckte Felsnase geht es in Serpentinen hinauf. Hier gedeihen sogar Baumheide und Gagelbaum – Zeichen größerer Feuchtigkeit in der Höhe. In ein weiteres Tuffband hat man ein kleines Heiligtum mit einer Madonnenfigur eingelassen (1.40 Std.), das sich – strahlend weiß getüncht – kontrastreich vom roten Gestein abhebt.

Es folgen enge, steile Serpentinen. Dann wird unvermittelt der Blick frei auf den nun schon etwas tiefer gelegenen Mirador de la Peña, das Ziel der Wanderung. Schräg darunter liegen im Meer die meist sonnenbeschienenen Roques de Salmor. Hier sind oberhalb des Wegs noch die Reste einer rostigen Rohrleitung zu erkennen, die in den 70er Jahren Vulkanerde von der Hochfläche Nisdafe nach Las Puntas transportierte.

In der Bucht von El Golfo hatte man – eine genossenschaftlich organisierte und staatliche geförderte Maßnahme – 1968 damit begonnen, die bis dahin als unfruchtbar geltenden Lavaströme mit einfachstem Gerät zu planieren und anschließend mit einer 80 cm mächtigen Bodenschicht zu bedecken. Fachleute aus La Palma pflanzten Bananen, die aus eigens gebohrten Tiefbrunnen

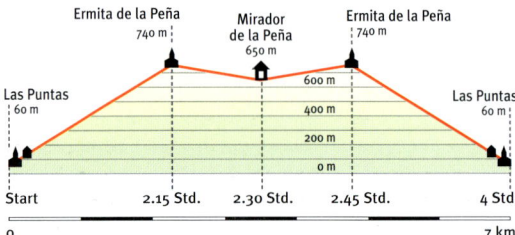

Ermita de la Peña 740 m — Mirador de la Peña 650 m — 600 m — Ermita de la Peña 740 m — Las Puntas 60 m — 400 m — 200 m — 0 m — Las Puntas 60 m — Start — 2.15 Std. — 2.30 Std. — 2.45 Std. — 4 Std.

0 — 7 km

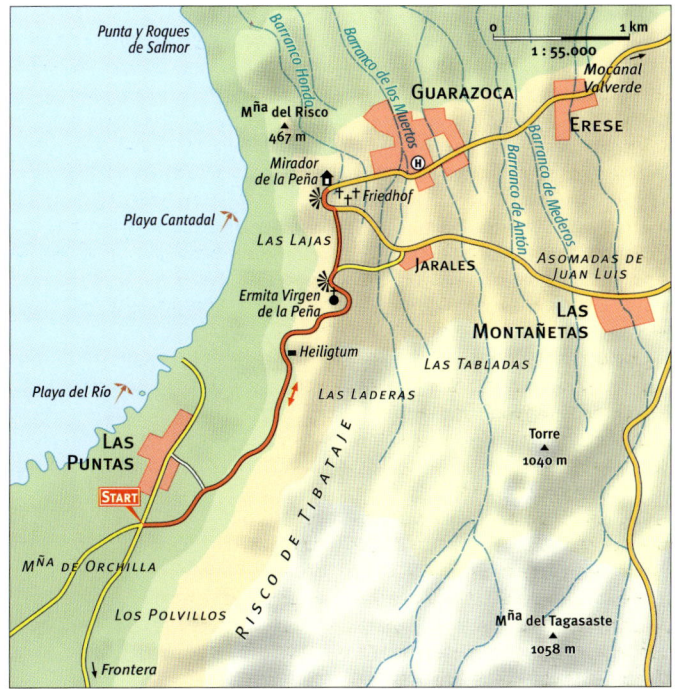

bewässert wurden. Doch mußte man bald feststellen, daß häufiger, starker Wind den Bananenanbau schwierig macht, und so stiegen viele Plantagenbesitzer in den letzten Jahren auf die weniger windanfällige Ananas um.

Zwei kleine **Aussichtsbalkone**, die man nach gut 2 Std. erreicht, markieren den Beginn eines besonders gepflegten Wegstücks. 5 Min. später ist ein asphaltierter Fahrweg und damit das Ende des Aufstiegs erreicht. Wer interessiert ist, kann einen kurzen Abstecher nach rechts machen, wo man die verrottete Schüttvorrichtung am oberen Ende der Rohrleitung besichtigen kann. Anschließend geht es auf dem Fahrweg abwärts. Eine breite Abzweigung nach links führt zur kleinen, schlichten **Ermita de la Peña** (2.15 Std.). Blumen schmücken den Eingang der stets verschlossenen Kapelle. Unser Fahrweg mündet etwa 500 m weiter in eine Straße, der wir nach links folgen. Hinter der nächsten Kurve, gegenüber von dem kleinen **Friedhof** des Orts Guarazoca, markieren Fahnenmasten die Einfahrt zum Mirador de la Peña. Das Restaurant am Aussichtspunkt ist nach insgesamt 2.30 Std. Gehzeit erreicht.

Seit Ende der 80er Jahre schwebt an der Kante des Risco de Tibataje 615 m hoch über dem Meer der von César Manrique (1913–1992) entworfene Aussichtspunkt **Mirador de la Peña**. Der weltberühmte Künstler und Architekt kämpfte auf seiner Heimatinsel Lanzarote jahrzehntelang erfolg-

Blick vom Mirador de la Peña

reich gegen die Auswüchse des Massentourismus. Sein Anliegen war es, die Landschaft durch bauliche Eingriffe nicht zu zerstören, sondern die Natur in der Architektur weiterzuführen. Dies ist ihm mit dem Mirador de la Peña einmal mehr gelungen.

Das ganz aus den traditionellen Materialien Holz und Vulkangestein errichtete Bauwerk fügt sich so hervorragend in die Landschaft ein, daß es von weitem kaum auszumachen ist. Im Stil erinnert es – so die Fachwelt – an den Mirador del Río auf Lanzarote, der wegen seiner klaren Linienführung als Manriques Hauptwerk angesehen wird. Im Inneren des Miradors eröffnete die Inselregierung ein Restaurant, von dem man an klaren Tagen durch die riesigen, wandfüllenden Fensterscheiben einen unvergleichlichen Panoramablick über das Halbrund von El Golfo genießt. Nach der Mittagspause geht es auf demselben Weg zurück nach Las Puntas. Für den Rückweg sollte man etwa 1.30 Std. veranschlagen und trifft nach 4 Std. wieder am **Ausgangspunkt** ein.

Die Hierro-Rieseneidechse – ein lebendes Fossil

Die letzten Exemplare der Hierro-Rieseneidechse (Gallotia simonyi) leben zurückgezogen in den steilen Felswänden des Risco de Tibataje. Bis zu 1 m Länge sollen die urtümlichen Tiere erreichen, doch scheinen 60–70 cm normal zu sein. Rieseneidechsen gab es früher auch auf Teneriffa und Gomera, wie Knochenfunde belegen. Heute lebt nur auf Gran Canaria noch eine verwandte Unterart. Auf Hierro scheint die *lagarto gigante,* wie sie von den Einheimischen genannt wird, einst sehr verbreitet gewesen zu sein. Chronisten des 15. Jh. erwähnten »Eidechsen, so groß wie Katzen«, die völlig harmlos seien. Den Bauern galten sie als Futterkonkurrenten ihrer Ziegen, und so wurden sie erschlagen oder vergiftet, wo man sie antraf.

Als die Rieseneidechsen 1779 erstmals wissenschaftlich beschrieben wurden, schienen sie nur noch auf den beinahe unzugänglichen Roques de Salmor überlebt zu haben. Von nun an kamen Tierfänger nach Hierro, ließen sich von einheimischen Fischern zu den Felsen hinüberrudern und fingen Echsen, um sie zu präparieren und an Sammler zu

verkaufen. In den 1930er Jahren hat man auf den Roques de Salmor die letzten Exemplare gesichtet.

Die Art galt als ausgelöscht, bis es 1974 zu einem kleinen Skandal kam. Einheimische stellten einen Engländer, der ein paar Rieseneidechsen in einem Sack bei sich trug. Noch im selben Jahr bestätigten sich Gerüchte um das bis dahin unbekannte Vorkommen im Risco de Tibataje. Die Naturschutzbehörde läßt diese Population, die man auf rund 1000 Exemplare schätzt, seither bewachen. Als zusätzliche Maßnahme zur Erhaltung der Art bemüht sich der Biologe Carlos Silva aus Frontera erfolgreich um die Fortpflanzung in der Gefangenschaft, obwohl ihm zu Beginn nur vier Tiere (zwei Männchen und zwei Weibchen) zur Verfügung standen. 1986

schlüpften die ersten Jungeidechsen, denen seither rund 200 Stück folgten. Damit scheint die Art gerettet zu sein.

Ehrgeiziges Ziel der Wissenschaftler ist die Einrichtung einer rund 828 ha großen Schutzzone, die alle Felswände im Osten El Golfos sowie die Roques de Salmor umfassen würde. Um diese Felsgruppe wieder mit Rieseneidechsen zu besiedeln, wurden 1999 per Hubschrauber 21 nachgezüchtete Exemplare in einer waghalsigen Aktion dort ausgesetzt. Beim Museumsdorf Guinea wird ein Naturlehrpfad eingerichtet. In Schauterrarien kann man dort die scheuen Rieseneidechsen bewundern, die man in der Natur kaum je zu Gesicht bekommen wird.

Kleiner Sprachführer

Außerhalb der Ferienorte verstehen nur wenige Menschen Deutsch oder Englisch. Daher können Grundkenntnisse des Spanischen, die man an Volkshochschulen oder ähnlichen Einrichtungen erworben hat, durchaus von Nutzen sein. Für das Selbststudium eignen sich Kassetten- oder Video-Sprachkurse, die oft speziell auf die Bedürfnisse von Urlaubern zugeschnitten sind.

Das auf den Kanarischen Inseln gesprochene Spanisch klingt melodischer als auf dem Festland. Die Aussprache ist der südamerikanischen ähnlich. Viele Canarios verschlucken das »s« am Wortende. Einige Besonderheiten der spanischen (kanarischen) Aussprache, die man sich merken sollte:

c vor a, o und u wie k

c vor e und i wie englisches th; auf den Kanaren auch wie ein stimmloses s

ch wie tsch

g vor e und i wie ch

h bleibt stumm

j wie ch

ll wie j

ñ wie nj

q wie k

s wie ss

v bilabialer Reibelaut zwischen b und w; auf den Kanaren aber auch wie w

y wie j

z wie das englische stimmhafte th; auf den Kanaren aber auch wie ein stimmhaftes s

Zum besseren Verständnis geographischer Bezeichnungen sind folgende Wörter nützlich:

alto, alta	hoch	camino	Weg, Straße
		casa	Haus
bajada	Abstieg	cascada	Wasserfall
bajo, baja	niedrig	cedro	Zeder, Zedern-
barranco	Schlucht		wacholder
bosque	Wald	charco	Pfütze, Lache
breña	Gebüsch	chorro	Wasserstrahl
brezal	Heide	costa	Küste
brezo	Baumheide	cubo	Würfel, Kübel
		cueva	Höhle
cabezo	Hügel, Gipfel	cumbre	Bergrücken
caldera	Vulkankrater,		
	Kessel	degollada	Niedermetzelung,
caleta	kleine Bucht		Paß, Durchgang
callao	Felsbrocken, Stein	drago	Drachenbaum
calvario	Kreuzweg		

embalse	Stausee, Staubecken	morro	Schnauze, Maul,
ermita	Einsiedelei, Kapelle		Felskuppe
faro	Leuchtturm	palma	Palme
faya	Gagelbaum	palmar	Palmenhain
fayal	Gagelbaumwald	paso	Übergang, Paß
fuente	Quelle	pico	Berggipfel
		piedra	Stein
galería	Gang, Galerie,	pinar	Kiefernwald
	Stollen	pino	Kiefer
		playa	Strand
hacienda	Landgut, Farm	puerto	Hafen
hoyo, hoya	Grube	punta	Landspitze
iglesia	Kirche	raya	Grenze
		refugio	Schutzhütte
jable	Sand	río	Fluß
		risco	Felsen, Klippe, Grat
laguna	Lagune, Lücke	roca	Fels, Gestein
laja	glatter Stein	roque	Felsen
llano	Ebene		
lomo	Rücken	sabina	Phönizischer
			Wacholder
malpaís	schlechtes Land	sabinar	Wacholderwald
mirador	Aussichtspunkt		
montaña	Berg, Gebirge	til, tilo	Linde, Stinklorbeer
monte	Berg	torre	Turm
		volcán	Vulkan

Unterkunft

Unterkünfte auf Gomera finden sich in den Katalogen fast aller großen Reiseveranstalter sowie einiger Spezialveranstalter. Das Angebot auf Hierro ist demgegenüber recht beschränkt. Geboten werden Pauschalarrangements mit Flug, Transfer oder Mietwagen und Unterkunft. Wer auf eigene Faust reist und keine Unterkunft vorausbuchen möchte, sollte die Monate Juli und August sowie die Weihnachts- und Osterzeit meiden. Dann sind die preiswerteren Pensionen und Appartementhäuser meist ausgebucht. Jugendherbergen gibt es auf den Kanarischen Inseln nicht.

Die meisten Touristen, die nach **Gomera** reisen, zieht es nach wie vor ins legendäre Valle Gran Rey. Dort gibt es unzählige Privatunterkünfte (Zimmer, Ferienwohnungen), aber auch immer mehr Appartementanlagen, die bei Reiseveranstaltern unter Vertrag stehen. In jüngerer Zeit erfreut sich Playa de Santiago als Alternative zum ›Valle‹ zunehmender Beliebtheit. Hier gibt es mit dem Hotel Jardín Tecina die derzeit mit Abstand größte, sehr weitläufig inmitten eines subtropischen Gartens gelegene Ferienanlage Gomeras.

In der Inselhauptstadt San Sebastián findet man zwar ein paar Hotels und Pensionen, doch kaum urbanes Leben. Immerhin gibt es hier mit dem Parador Nacional Conde de la Gomera das vielleicht schönste Haus der berühmten, staatlich geführten Hotelkette. Individualisten finden Unterkünfte in Hermigua, Agulo und Vallehermoso, die sich gut als Ausgangspunkte für Wanderungen eignen. Allerdings liegt der Norden der Insel häufig schon unter Wolken, wenn im Süden noch die Sonne scheint.

Die Zahl der Unterkünfte auf **Hierro** ist sehr begrenzt. Nur wenige Reiseveranstalter bieten Pauschalarrangements. Im Angebot sind vor allem Ferienwohnungen und Pensionen in der landschaftlich besonders schönen und als Ausgangspunkt für Wanderungen gut geeigneten Bucht von El Golfo.

Camping

Wildes Campen ist auf den Kanarischen Inseln nicht erlaubt. Auf Gomera gibt es in El Cedro den einzigen offiziellen Campingplatz der Insel (La Vista, mit Restaurant). Auf manchen Karten sind weitere Zeltplätze verzeichnet. Diese sind jedoch für einheimische Jugendgruppen gedacht, Touristen werden dort nicht zugelassen.

Auf Hierro kann man auf dem Waldgelände Hoya del Morcillo campen, wo es Trinkwasser und einfache sanitäre Einrichtungen gibt.

Register

Bitte schreiben Sie uns, wenn sich etwas geändert hat!
Alle in diesem Buch enthaltenen Angaben wurden von der Autorin nach bestem Wissen erstellt und von ihr und dem Verlag mit größtmöglicher Sorgfalt überprüft. Gleichwohl sind – wie wir im Sinne des Produkthaftungsrechts betonen müssen – inhaltliche Fehler nicht vollständig auszuschließen. Daher erfolgen die Angaben ohne jegliche Verpflichtung oder Garantie des Verlages oder der Autorin. Beide übernehmen keinerlei Verantwortung und Haftung für etwaige inhaltliche Unstimmigkeiten. Wir bitten dafür um Verständnis und werden Korrekturhinweise gerne aufgreifen:
DuMont Reiseverlag, Postfach 10 10 45, 50450 Köln
E-Mail: info@dumontreise.de

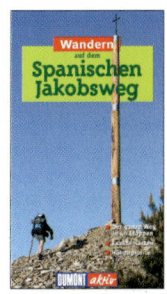

»DUMONT macht mobil!
DUMONT aktiv heißt die neue Reise-
führerreihe des DUMONT Buchverlags
für Wanderfreunde. Ob Schwarzwald,
Dolomiten, Irland oder die Pyrenäen,
die Reiseführer im handlichen Format
geben nützliche Informationen über
Wandersaison, Ausrüstung sowie
interessante Naturerscheinungen
entlang der vorgeschlagenen Routen.
Farbige Höhenprofile zu jeder Wanderung lassen sofort erkennen, wie anspruchsvoll der Weg ist und wieviel
Zeit man dafür einplanen muß.«
Augsburger Allgemeine

»Sie passen in jede Rucksackseiten-
oder Anoraktasche. Die kompakte
Form geht jedoch nicht zu Lasten der
Beschreibungen. Jede Route wird mit
allem geschildert, was wichtig ist: der
Wanderzeit, der Weglänge, dem Rou-
ten-Charakter bis hin zu Sehenswürdigkeiten und Einkehrmöglichkeiten
am Wege.«   *Welt am Sonntag*

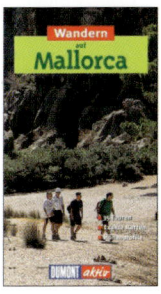

Zahlreiche Farbfotos machen Appetit
auf das Naturerlebnis und wecken die
Vorfreude.

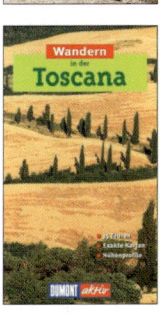

Weitere Informationen über die Titel der Reihe DUMONT aktiv erhalten Sie
bei Ihrem Buchhändler oder beim DUMONT Reiseverlag • Postfach 10 10 45 • 50450 Köln
Besuchen Sie uns im Internet: www.dumontreise.de

REISE-TASCHENBUCH

»Ein DUMONT muss nicht dick sein. Mit höchstens 240 Seiten passen die DUMONT Reise-Taschenbücher wirklich in jede Tasche. Sehr übersichtlich und optisch ansprechend bietet diese Reihe trotz der Kürze viel Hintergrundwissen im landeskundlichen Teil. Nach dem Motto ›Man sieht nur, was man weiß‹ wurden auch diese Titel wieder von ausgezeichneten Landeskennern verfasst und Urlaubsziele unter neuen Aspekten vorgestellt.«

tours

»Was den DUMONT-Leuten gelungen ist: Trotz der Kürze steckt in diesen Büchern genügend Würze. Immer wieder sind unerwartete Informationen zu finden, nicht trocken eingestreut, sondern lebhaft geschrieben ... Diese Mischung aus journalistisch aufgearbeiteten Hintergrundinformationen, Erzählung und die ungewöhnlichen Blickwinkel, die nicht nur bei den Farb- und Schwarzweißfotos gewählt wurden – diese Mischung macht's. Eine sympathische Reiseführer-Reihe.«

Südwestfunk

Weitere Informationen über die Titel der Reihe DUMONT aktiv erhalten Sie bei Ihrem Buchhändler oder beim DUMONT Reiseverlag • Postfach 10 10 45 • 50450 Köln Besuchen Sie uns im Internet: www.dumontreise.de

DUMONT RICHTIG REISEN

»Den äußerst attraktiven Mittelweg zwischen kunsthistorisch orientiertem Sightseeing und touristischem Freilauf geht die inzwischen sehr umfangreich gewordene, blendend bebilderte Reihe ›Richtig Reisen‹. Die Bücher haben fast schon Bildbandqualität, sind nicht nur zum Nachschlagen, sondern auch zum Durchlesen konzipiert. Meist vorbildlich der Versuch, auch jenseits der ›Drei-Sterne-Attraktionen‹ auf versteckte Sehenswürdigkeiten hinzuweisen, die zum eigenständigen Entdecken abseits der ausgetrampelten Touristenpfade anregen.«
Abendzeitung, München

»Zum einen bieten die Bände der Reihe ›Richtig Reisen‹ dem Leser eine vorzügliche Einstimmung, zum anderen eignen sie sich in hohem Maß als Wegweiser, die den Touristen auf der Reise selbst begleiten.«
Neue Zürcher Zeitung

»Schön bebildert, ansprechend und übersichtlich aufgemacht. Erstklassige Autoren.« *Reise und Preise*

Weitere Informationen über die Titel der Reihe DUMONT aktiv erhalten Sie bei Ihrem Buchhändler oder beim DUMONT Reiseverlag • Postfach 10 10 45 • 50450 Köln Besuchen Sie uns im Internet: www.dumontreise.de

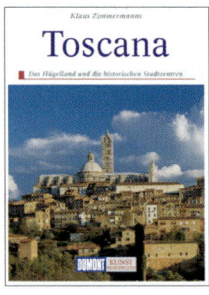

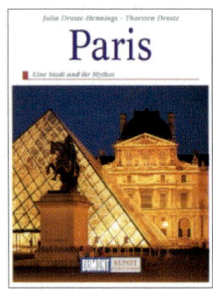
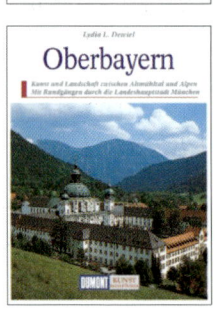